AF555476

N° 157

20 Aout 1910

L'ILLUSTRATION
THÉATRALE

Journal d'Actualités Dramatiques

PUBLIANT LE TEXTE COMPLET DES PIÈCES NOUVELLES
JOUÉES DANS LES PRINCIPAUX THÉATRES DE PARIS

CE NUMÉRO CONTIENT :

On purge Bébé !

PAR

GEORGES FEYDEAU

L'Illustration Théâtrale parait mensuellement et publie des numéros spéciaux chaque fois que l'exige l'actualité dramatique.
Aucun numéro de *L'Illustration Théâtrale* ne doit être vendu sans le numéro de *L'Illustration* portant la même date.
Tout abonné à *L'Illustration* est abonné de droit à *L'Illustration Théâtrale*.

Prix du Numéro : UN FRANC — *Abonnement annuel* : FRANCE, 36 francs; ÉTRANGER, 48 francs.

13, rue SAINT-GEORGES, PARIS (9e).

On purge Bébé ! au théâtre des Nouveautés.

Voici la première pièce de M. Georges Feydeau publiée par *L'Illustration*. Cela ne veut pas dire que les œuvres de ce grand maître du vaudeville fussent jusqu'à présent considérées comme d'une lecture négligeable ; mais précisément parce que M. Georges Feydeau est un extraordinaire « homme de théâtre », il conçoit et réalise ses pièces pour leur action, pour leur vie sur la scène, et il se soucie peu de les voir se figer en noir sur le papier ; c'est pourquoi il ne les publiait pas, et pas plus en volumes de librairie que dans notre collection. Or il s'est produit ceci : qu'en les composant et en les exécutant si parfaitement pour la scène, en en faisant des chefs-d'œuvre de ce genre comique qu'il renouvelait avec tant de prestige, il leur donnait tout justement une curieuse valeur littéraire.

Cette œuvre, que vont connaître d'abord nos lecteurs, est d'ailleurs d'un genre et d'un caractère qui prouvent même que M. Georges Feydeau n'est pas qu'un vaudevilliste, voire supérieur. L'auteur de *Champignol malgré lui*, du *Dindon*, de *l'Hôtel du Libre-Echange*, de *la Dame de chez Maxim* triomphe, sans doute, parmi les situations les plus embarrassées, dans l'accumulation des péripéties les plus étonnantes, les plus abracadabrantes qui, grâce à lui, se succèdent avec une logique implacable, s'enchaînent avec la force inexorable de la fatalité, se déroulent avec la simplicité et la clarté de l'évidence ; il est sans conteste, le roi de l'imbroglio et l'empereur de l'embrouillamini. Mais, dans l'acte que voici, rien de tel : un père, une mère, un enfant, un visiteur ; l'intérieur le plus bourgeois, le plus banal... Et pourtant les premières scènes, les premières répliques, dégagent un rire qui prend tout de suite, dans la rotondité close et sonore d'une salle de spectacle, une irrésistible force explosive. La verve comique jaillit là, non d'un effet plus ou moins étourdissant de situation mais du simple effet de l'observation la plus directe, la plus immédiate, des êtres et des choses. Et c'est la vertu grâce à laquelle, par cet acte, l'œuvre de M. Georges Feydeau cesse, en quelque sorte, d'appartenir au vaudeville pour se rattacher à la grande comédie.

***

C'est au surplus la constatation faite par tous les critiques au lendemain de la première représentation.

Ainsi M. Adolphe Brisson écrit, dans sa chronique du *Temps*, après avoir signalé les transports d'inextinguible joie soulevés durant trois quarts d'heure chez les spectateurs par cette comédie, par cette farce, au sens rabelaisien et moliéresque du terme :

« Que contient-elle ? Presque aucun événement... l'histoire des démêlés de M. et Mme Follavoine.

» Un scénario basé sur un tel sujet pourrait être le comble de la platitude, de l'insipidité, et n'éveiller qu'une impression de morne et rebutante tristesse. Il excite une hilarité qui à chaque minute flambe, se ranime, rebondit... A quoi cela tient-il ? A la vertu qui l'imprègne, la gaieté, don mystérieux, inanalysable, accordé à ceux-ci, refusé à ceux-là... On ne comprend pas très bien quelle en est l'essence. On en jouit... C'est le rayon qui colore les objets, le feu qui les illumine. Telle anecdote semble ennuyeuse ou plaisante selon la physionomie, l'air de visage, le son de voix, les menues trouvailles du narrateur. M. Feydeau possède une ample provision de ce fluide. Si nous essayons de décomposer les éléments de sa gaieté propre, nous constatons qu'elle est, tout au moins dans cet ouvrage (et par là il diffère de quelques-unes de ses pièces antérieures), à base exclusive d'observation.

» Ici, l'effet comique ne jaillit que de la réalité précise du détail. Vraie, l'atmosphère de ce petit drame bourgeois; vrais, le caractère, l'allure des personnages ; vraie, la cordialité intéressée, un tantinet hypocrite, de M. Follavoine envers le protecteur influent ; vraie, l'insouciance débraillée de son épouse, molle, désordonnée, trop tendrement maternelle ; vraies, la bonhomie solennelle et vaniteuse de M. Chouilloux, la vulgarité potinière de ses propos ; vrais, oh ! combien ! la détestable éducation ou plutôt l'absence d'éducation de l'enfant terrible, ses saillies, ses gestes, l'impuissance des parents trop faibles contre cette puérile et tenace volonté. La notation familière et prosaïque de l'existence quotidienne, on la rencontre dans les dialogues d'Henry Monnier. Elle y apparaît monotone, quelquefois lugubre. Elle ne devient scénique que lorsqu'un certain sens du pittoresque s'y allie, la relève, y ajoute du piquant.

» Henry Monnier n'était pas dramaturge. M. Feydeau l'est extrêmement. Il excelle à trouver les oppositions et les contrastes, à dégager les aspects caricaturaux de l'animal humain et le grotesque même des choses. Les bas de Mme Follavoine lui retombent obstinément sur les talons ; au cours des plus vives discussions conjugales, il faut qu'elle tire rageusement ces bas malencontreux. Impatientée, elle saisit les caoutchoucs d'un dossier et se les passe en guise de jarretelles !... Froidement résumé, l'épisode peut sembler inepte ; mis en action, il est irrésistible. Deux objets occupent dans la pièce une place capitale : le seau de toilette de Madame, le pot de chambre de Monsieur... L'auteur jongle avec eux agréablement... Le seau court après le pot ; le pot vole de main en main et se brise (il est fait d'une porcelaine incassable !) De pareilles inventions seraient tout au plus dignes des parades de la foire et ne vaudraient pas l'honneur d'un compte rendu, si elles ne se greffaient sur le fond solide d'une étude de mœurs... Parfois M. Feydeau dépasse la mesure, il a des facéties trop copieuses, trop appuyées. Son ouvrage gagnerait à être allégé, resserré ; mais il sort d'une veine riche et savoureuse ; il fleure le franc terroir gaulois ; il se raccorde à l'œuvre des peintres réalistes de la vie populaire et bourgeoise, les Furetière, les Scarron, les Collé, les Paul de Kock, les Moinaux, les Chavette, les Courteline. Et c'est pour cela que j'y attache du prix. Il contient plus de substance psychologique, plus de moelle que certains vaudevilles savamment machinés. Je souhaite que M. Feydeau persévère dans cette voie, et que, sans cesser de se montrer habile et ingénieux, il s'inspire directement de la nature. Le grand auteur comique qui est en lui nous réserve des surprises. »

M. Henri de Régnier signale aussi dans le *Journal des Débats* le rire éclatant qui a accueilli cette étonnante pièce ; et il estime que M. Georges Feydeau a donné là un exemple de ce qu'il sait faire, en un acte, tenir de gaieté, d'observations et de comique :

« Le comique de M. Georges Feydeau est vraiment d'une verve irrésistible, si abondant, si dru, si cocasse et si vrai que l'on ne peut guère y être insensible, et que même on lui passe certains moyens un peu gros, mais dont il use avec une telle franchise et une telle adresse que le mouvement endiablé du dialogue emporte tout, tant il va de la bouffonnerie la plus outrée au réalisme le plus exact, tant M. Feydeau met à ce jeu, d'aisance et de dextérité.

» Certes un pareil sujet eût fort risqué, en d'autres mains que celles de M. Georges Feydeau, de ne fournir qu'une pochade d'un goût douteux, mais il faut voir ce qu'en a fait l'habile et verveux écrivain qu'est M. Feydeau, ce qu'il y a mêlé d'observation, de bonne humeur, de fantaisie, de quelles fortes couleurs comiques il a rehaussé cette esquisse au trait toujours sûr et appuyé ! Pas un instant la touche ne faiblit et, chaque fois qu'elle se pose, elle accentue un détail pittoresque de l'ensemble. »

M. Nozière indique, dans l'*Intransigeant*, les qualités qui constituent la maîtrise de M. Georges Feydeau :

« M. Feydeau a le don de l'invention ; son dialogue est brillant ; il possède merveilleusement le métier dramatique. Mais ce qui fait son originalité et sa force, c'est la persévérance et l'audace de sa logique. Il est asservi au raisonnement comme un mathématicien. Ses postulats sont douteux comme des axiomes et ses vaudevilles solides comme des théo-

(Voir la suite à l'avant-dernière page de la couverture.)

ON PURGE BÉBÉ!

PIÈCE EN UN ACTE

par

GEORGES FEYDEAU

M. GEORGES FEYDEAU

On purge Bébé! *a été représenté pour la première fois, le 12 avril 1910, au Théâtre des Nouveautés.*

PHOTOGRAPHIES BERT

PERSONNAGES

Adhéaume Chouilloux	MM. Germain.
Follavoine	Marcel Simon.
Horace Truchet	Choisy.
Julie Follavoine	Mmes A. Cassive.
Rose	Jenny Rose.
Clémence Chouilloux	Delys.
Toto, 7 ans	La petite Lesseigne.

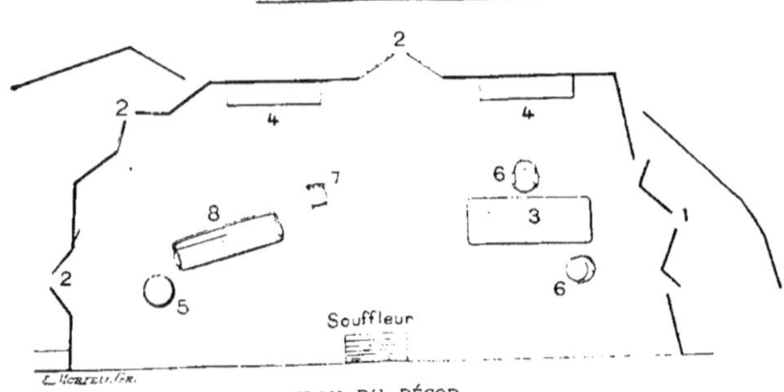

PLAN DU DÉCOR

1. Grande fenêtre à 4 vantaux (où deux fenêtres ordinaires parallèles); 2. Portes à deux vantaux; 3. Grande table-bureau; 4. Bibliothèques; 5. Guéridon; 6. Fauteuils dont un de bureau; 7. Chaise; 8. Canapé.

Mise en scène conforme à la représentation.

Chouilloux. Follavoine.
SCÈNE IV. — Follavoine : « *Allez! allez! n'ayez pas peur!* »

ON PURGE BÉBÉ!

Le cabinet de travail de Follavoine. Le décor est à pan coupé à gauche ; à pan droit à droite. Au premier plan, à gauche, porte donnant sur la chambre de Follavoine. Dans le pan coupé de gauche, porte donnant chez Mme Follavoine. Au fond, au milieu, porte donnant sur le vestibule. De chaque côté de la porte du fond, une bibliothèque vitrée, ou grillagée, avec chaque battant tendu d'un plissé de taffetas de façon à dissimuler l'intérieur ; (le battant gauche de la bibliothèque de droite doit être fixe ; c'est derrière ce battant que seront placés dans ce meuble les deux vases de nuit, de façon à ce qu'ils soient invisibles au public lorsqu'on aura à ouvrir la bibliothèque). A droite, tenant la presque totalité de ce côté du décor, une grande fenêtre à quatre vantaux ; (brise-bise et rideaux). A droite, milieu de la scène, une grande table-bureau face aux spectateurs ; sur la table, des dossiers, livres, un dictionnaire, des papiers épars et une boîte contenant des rondelles de caoutchouc. Dans le tiroir de droite de l'acteur, une boîte avec des pastilles de menthe. Sous la table, un panier à papier. Au-dessus de la table, un fauteuil de bureau. Devant la table, à son extrémité droite, un fauteuil. A gauche de la scène, un canapé légèrement de biais. A gauche du canapé, un petit guéridon bas. A droite et au-dessus du canapé, une chaise.

AVIS. — *Derrière la toile de fond du vestibule, placer perpendiculairement une planche, un praticable quelconque, et insérer entre, des « pains » de fonte placés sur le tranchant de façon à opposer un corps dur à l'envoi des vases de nuit afin d'être sûr qu'ils se briseront.*

Scène première

FOLLAVOINE, puis ROSE

Au lever du rideau, Follavoine, penché sur sa table de travail, la jambe gauche repliée sur son fauteuil de bureau, la croupe sur le bras du fauteuil, compulse son dictionnaire.

FOLLAVOINE, son dictionnaire ouvert devant lui sur la table. — Voyons! « Iles Hébrides?... Iles Hébrides?... Iles Hébrides?... » (On frappe à la porte. — Sans relever la tête et avec humeur.) Zut! entrez! (A Rose qui parait.) Quoi? qu'est-ce que vous voulez?

ROSE, arrivant du pan coupé de gauche. — C'est madame qui demande monsieur.

FOLLAVOINE, se replongeant dans son dictionnaire, et avec brusquerie. — Eh! bien, qu'elle vienne!... Si elle a à me parler, elle sait où je suis.

ROSE, qui est descendue jusqu'au milieu de la scène. — Madame est occupée dans son cabinet de toilette; elle ne peut pas se déranger.

FOLLAVOINE. — Vraiment? Eh! bien, moi non plus! Je regrette: je travaille.

ROSE. — Bien, monsieur.

Elle fait mine de remonter.

FOLLAVOINE, relevant la tête, sans lâcher son diction-

naire. — Sur le même ton brusque. — D'abord, quoi? Qu'est-ce qu'elle me veut?

ROSE, qui s'est arrêtée, à l'interpellation de Follavoine. — Je ne sais pas, monsieur.

FOLLAVOINE. — Eh! bien, allez lui demander!

ROSE. — Oui, monsieur.

Elle remonte.

FOLLAVOINE. — C'est vrai ça!... (Rappelant Rose au moment où elle va sortir.) Au fait, dites donc, vous...?

ROSE, redescendant. — Monsieur?

FOLLAVOINE. — Par hasard, les Hébrides...?

ROSE, qui ne comprend pas. — Comment?

FOLLAVOINE. — Les Hébrides?... Vous ne savez pas où c'est?

ROSE, ahurie. — Les Hébrides?

FOLLAVOINE. — Oui?

ROSE. — Ah! non!... non!... (Comme pour se justifier.) C'est pas moi qui range ici!... c'est madame.

FOLLAVOINE, se redressant en refermant son dictionnaire sur son index de façon à ne pas perdre la page. — Quoi! quoi, « qui range »! les Hébrides!... des îles! bougre d'ignare!... de la terre entourée d'eau... vous ne savez pas ce que c'est?

ROSE, ouvrant de grands yeux. — De la terre entourée d'eau?

FOLLAVOINE. — Oui! de la terre entourée d'eau, comment ça s'appelle?

ROSE. — De la boue?

FOLLAVOINE, haussant les épaules. — Mais non, pas de la boue! C'est de la boue quand il n'y a pas beaucoup de terre et pas beaucoup d'eau; mais, quand il y a beaucoup de terre et beaucoup d'eau, ça s'appelle des îles!

ROSE, abrutie. — Ah?

FOLLAVOINE. — Eh! bien, les Hébrides, c'est ça! c'est des îles! par conséquent c'est pas dans l'appartement.

ROSE, voulant avoir compris. — Ah! oui!... c'est dehors!

FOLLAVOINE, haussant les épaules. — Naturellement! c'est dehors.

ROSE. — Ah! ben, non! Non! je les ai pas vues.

FOLLAVOINE, quittant son bureau et poussant familièrement Rose vers la porte pan coupé. — Oui, bon, merci! ça va bien!

ROSE, comme pour se justifier. — Y a pas longtemps que je suis à Paris, n'est-ce pas?...

FOLLAVOINE. — Oui!... oui, oui!

ROSE. — Et je sors si peu!

FOLLAVOINE. — Oui, oui! ça va bien! allez! allez retrouver madame.

ROSE. — Oui, monsieur!

Elle sort.

FOLLAVOINE. — Elle ne sait rien cette fille! rien! qu'est-ce qu'on lui a appris à l'école? (Redescendant jusque devant la table contre laquelle il s'adosse.) « C'est pas elle qui a rangé les Hébrides »! Je te crois, parbleu! (Se replongeant dans son dictionnaire.) « Z'Hébrides... Z'Hébrides... » (Au public.) C'est extraordinaire! je trouve zèbre, zébré, zébrure, zébu...! Mais de Zhébrides, pas plus que dans mon œil! Si ça y était, ce serait entre zébré et zébrure. On ne trouve rien dans ce dictionnaire!

Par acquit de conscience, il reparcourt des yeux la colonne qu'il vient de lire.

Scène II

FOLLAVOINE, JULIE

JULIE, surgissant en trombe par la porte, pan coupé. Tenue de souillon : peignoir-éponge dont la cordelière non attachée traine par derrière; petit jupon de soie, sur la chemise de nuit qui dépasse par en bas; bigoudis dans les cheveux; bas tombant sur les savates. — Elle tient un seau de toilette plein d'eau à la main. — Alors, quoi? tu ne peux pas te déranger? non?

FOLLAVOINE, sursautant. — Ah! je t'en prie, n'entre donc pas toujours comme une bombe!... Ah!...

JULIE, s'excusant ironiquement. — Oh! pardon! (La bouche pincée et sur un ton sucré.) Tu ne peux pas te déranger? non?

FOLLAVOINE, avec humeur. — Eh! bien, et toi? pourquoi faut-il que ce soit moi qui me dérange plutôt que toi?

JULIE, avec un sourire pointu. — C'est juste! c'est juste! nous sommes mariés, alors...!

FOLLAVOINE. — Quoi? Quoi? Quel rapport...?

JULIE, de même. — Ah! je serais seulement la femme d'un autre, il est probable que...!

FOLLAVOINE. — Ah! laisse-moi donc tranquille! je suis occupé, v'là tout!

JULIE, posant le seau qu'elle tient à la main au milieu de la scène et gagnant la gauche. — Occupé! Monsieur est occupé! c'est admirable!

FOLLAVOINE. — Oui, occupé! (Apercevant le seau laissé par Julie.) Ah!

JULIE, se retournant à l'exclamation de Follavoine. — Quoi?

FOLLAVOINE. — Ah! çà, tu es folle? tu m'apportes ton seau de toilette ici, à présent?

JULIE. — Quoi, « mon seau » ? où ça, « mon seau »?

FOLLAVOINE, l'indiquant. — Ça!

JULIE. — Ah! là! c'est rien! (Le plus naturellement du monde.) C'est mes eaux sales.

FOLLAVOINE. — Qu'est-ce que tu veux que j'en fasse?

JULIE. — Mais c'est pas pour toi! C'est pour les vider.

FOLLAVOINE. — Ici?

JULIE. — Mais non, pas ici! Que c'est bête ce que tu dis là! Je n'ai pas l'habitude de vider mes eaux dans ton cabinet de travail; j'ai du tact.

FOLLAVOINE. — Alors, pourquoi me les apportes-tu?

JULIE. — Mais pour rien! Parce que j'avais le seau en main pour aller le vider quand Rose est venue me rapporter ta charmante réponse: alors pour ne pas te faire attendre...

FOLLAVOINE. — Tu ne pouvais pas le laisser à la porte?

JULIE. — Ah! et puis tu m'embêtes! Si ça te gêne tant, tu n'avais qu'à te déranger quand je te demandais de venir; mais Monsieur était occupé! à quoi? je te le demande.

Elle a arpenté jusqu'au fond.

FOLLAVOINE, sur un ton bougon. — A des choses, probable!

JULIE. — Quelles?

FOLLAVOINE, de même. — Eh! bien, des choses... Je cherchais « Iles Hébrides » dans le dictionnaire.

JULIE. — Iles Hébrides! T'es pas fou? Tu as l'intention d'y aller?

FOLLAVOINE, de même. — Non, j'ai pas l'intention!

JULIE, sur un ton dédaigneux, tout en s'asseyant sur le canapé. — Alors qu'est-ce que ça te fait? En quoi ça peut-il intéresser un fabricant de porcelaine de savoir où sont les Hébrides?

FOLLAVOINE, toujours sur le ton grognon. — Ça ne m'intéresse pas! Ah! bien!... je te jure que si c'était pour moi!... Mais c'est pour Bébé! Il vous a de ces questions! Les enfants s'imaginent, ma parole! que les parents savent tout!... (Imitant son fils.) « Papa, où c'est les Hébrides? (Reprenant son ton bougon, pour s'imiter lui-même.) — Quoi? (Voix de son fils.) — Où c'est, les Hébrides, papa? » Oh!... j'avais bien entendu! j'avais fait répéter à tout hasard... (Maugréant.) « Où c'est, les Hébrides »! est-ce que je sais, moi! Tu sais où c'est, toi?

JULIE. — Bien oui, c'est... J'ai vu ça quelque part, sur la carte; je ne me rappelle pas où.

FOLLAVOINE, remontant pour aller s'asseoir à sa table sur laquelle il pose son dictionnaire ouvert à la page qu'il compulsait. — Ah! comme ça, moi aussi! Mais je ne pouvais pas lui répondre ça, à cet enfant! Qu'est-ce qu'il aurait pensé! J'ai essayé de m'en tirer par la tangente: « Chut! allez! ça ne te regarde pas! Les Hébrides, c'est pas pour les enfants! »

JULIE. — En voilà une idée! C'est idiot.

FOLLAVOINE. — Oui! Ah!... c'était pas heureux: c'était précisément dans les questions de géographie que lui avait laissées mademoiselle.

JULIE, haussant les épaules. — Dame, évidemment! c'était à prévoir.

FOLLAVOINE. — Eh! aussi est-ce qu'on devrait encore apprendre la géographie aux enfants à notre époque!... avec les chemins de fer et les bateaux, qui vous mènent tout droit!... et les indicateurs où l'on trouve tout!

JULIE. — Quoi? Quoi? Quel rapport?

FOLLAVOINE. — Mais absolument! Est-ce que, quand tu as besoin d'une ville, tu vas chercher dans la géographie? Non, tu cherches dans l'indicateur! Eh! ben, alors...!

JULIE. — Mais alors, ce petit... (Se levant et ramassant son seau au passage.) tu ne l'as pas aidé? tu l'as laissé dans le pétrin?

FOLLAVOINE. — Bédame! Comment veux-tu? C'est-à-dire que j'ai pris un air profond, renseigné; celui du monsieur qui pourrait répondre mais qui ne veut pas parler et je lui ai dit: « Mon enfant, si c'est moi qui te montre, tu n'as pas le mérite de l'effort; essaye de trouver, et si tu n'y arrives pas, alors je t'indiquerai. »

JULIE, près de Follavoine, à gauche de la table. — Oui. Va-z'y voir!

FOLLAVOINE. — Je suis sorti de sa chambre avec un air détaché; et, aussitôt la porte refermée, je me suis précipité sur ce dictionnaire, persuadé que j'allais trouver! Ah! bien, oui, je t'en fiche! Nibe.

JULIE, qui ne comprend pas. — Nibe?

FOLLAVOINE. — Enfin, rien!

JULIE, incrédule. — Dans le dictionnaire? (Elle pose son seau par terre à gauche de la table et écartant son mari pour examiner le dictionnaire à sa place.) Allons, voyons! voyons...!

FOLLAVOINE, descendant par l'extrême droite. — Oh! tu peux regarder!... Non! Vraiment, tu devrais bien dire à mademoiselle de ne pas farcir la cervelle de ce petit avec des choses que les grandes personnes elles-mêmes ignorent... et qu'on ne trouve même pas dans le dictionnaire.

JULIE, qui s'est assise et depuis un instant a les yeux fixés sur la page ouverte du dictionnaire. — Ah çà! mais...! mais...!

FOLLAVOINE. — Quoi?

JULIE. — C'est dans les Z que tu as cherché ça?

FOLLAVOINE, un peu interloqué. — Hein?... mais... oui.

JULIE, haussant les épaules avec pitié. — Dans les Z, les Hébrides? Ah! bien, je te crois que tu n'as pas pu trouver.

FOLLAVOINE. — Quoi? C'est pas dans les Z?

Il contourne la table et remonte (n° 1) près de Julie.

JULIE, tout en feuilletant rapidement le dictionnaire. — Il demande si c'est pas dans les Z!

FOLLAVOINE. — C'est dans quoi, alors?

JULIE, s'arrêtant à une page du dictionnaire. — Ah! porcelainier, va!... Tiens, tu vas voir comme c'est dans les Z. (Parcourant la colonne de mots.) Euh!... « Ebraser, Ebre, Ebrécher... » C'est dans les E, voyons! « ...Ebriété, ébroïcien, ébro... » (Interloquée.) Tiens! Comment ça se fait?

FOLLAVOINE. — Quoi?

JULIE. — Ça n'y est pas!

FOLLAVOINE, dégageant vers la gauche et sur un ton triomphant. — Ah! ah! Je ne suis pas fâché!... Toi qui veut toujours en savoir plus que les autres.

JULIE, décontenancée. — Je ne comprends pas: ça devrait être entre « ébrécher » et « ébriété ».

FOLLAVOINE, sur un ton rageur. — Quand je te dis qu'on ne trouve rien dans ce dictionnaire! Tu peux chercher les mots par une lettre ou par une autre, c'est le même prix! On ne trouve que des mots dont on n'a pas besoin!

JULIE, les yeux fixés sur le dictionnaire. — C'est curieux!

FOLLAVOINE, s'asseyant sur le canapé et sur un ton pincé. — Tout de même, je vois que la « porcelainière » peut aller de pair avec le « porcelainier ».

JULIE, sèchement. — En tous cas j'ai cherché dans les E; c'est plus logique que dans les Z.

FOLLAVOINE, haussant les épaules. — Ah! la, la! « plus logique dans les E »! pourquoi pas aussi dans les H?

JULIE, vexée. — « Dans les H... dans les H... »! Qu'est-ce que ça veut dire ça, « dans les H »...? (Changeant insensiblement de ton.) Mais, au fait... dans les H... pourquoi pas?... mais oui: « Hébrides... Hébrides » il me semble bien que...? oui! (Elle s'est précipitée sur le dictionnaire qu'elle feuillette d'une main fébrile.) H... H... H...

FOLLAVOINE, la singeant. — Quoi, « H, H, H »?

JULIE, parcourant rapidement la colonne des mots. — « Hèbre, Hébreu, Hébrides »! (Triomphante.) Mais oui, voilà: « Hébrides », ça y est!

FOLLAVOINE, se précipitant vers sa femme. — Tu l'as trouvé? (Dans son mouvement, il est allé donner du pied contre le seau qu'il n'a pas vu. Avec rage.) Ah! là, voyons!

Il ramasse le seau et ne sachant où le mettre, le pose sur le coin gauche de la table. Il reste ainsi les deux avant-bras appuyés sur le couvercle du seau.

JULIE. — En plein: « Hébrides, îles qui bordent l'Ecosse au nord ».

FOLLAVOINE, dégageant vers la gauche, et radieux comme si c'était lui qui avait trouvé. — Eh! bien, voilà!

JULIE. — Ah! et puis encore: « Nouvelles-Hébrides, îles de la Mélanésie ».

FOLLAVOINE, sur le même ton. — « Mélanésie », voilà! C'est bien ça! Tout à l'heure nous n'avions pas d'Hébrides du tout, et maintenant nous en avons trop! Voilà! C'est l'éternelle histoire! C'est la vie!

JULIE. — Oui, mais lesquelles lui faut-il, maintenant, à ce petit?

FOLLAVOINE, à la « je m'en fiche ». — Oh! ben ça, ça m'est égal! Il choisira celles qu'il voudra! On avait besoin d'Hébrides; on en a, c'est l'essentiel! S'il y en a trop, on en laissera!

JULIE. — Et dire qu'on cherchait dans les « E », dans les « Z »....

FOLLAVOINE, se laissant tomber sur le canapé. — On aurait pu chercher longtemps!

JULIE, se levant et passant son bras dans l'anse de son seau pour l'emporter. — Et c'était dans les « H »!

FOLLAVOINE, avec un aplomb touchant à l'inconscience. — Qu'est-ce que je disais!

JULIE, ahurie de son toupet, se retourne vers lui, puis: — Comment, « ce que tu disais »!

FOLLAVOINE, le plus calme du monde. — Eh! ben, oui, quoi?... C'est peut-être pas moi qui ai dit: « Pourquoi pas dans les H »?

JULIE. — Pardon! Tu l'as dit... tu l'as dit... ironiquement.

FOLLAVOINE, se levant et allant à elle. — Ironiquement! En quoi ça, ironiquement?

JULIE. — Absolument! pour te moquer de moi: « Ah! pourquoi pas aussi dans les H »?

Elle passe au n° 1.

FOLLAVOINE. — Ah! bien, non, tu sais...!

JULIE. — C'est moi alors qui subitement ai eu comme la vision du mot.

FOLLAVOINE, gagnant la droite au-dessus de la table. — « Comme la vision du mot »! Ah! nom! ça, c'est admirable! « Comme la vision du mot »! Cette mauvaise foi des femmes! Je te dis: « Pourquoi pas dans les H? » Alors tu sautes là-dessus, tu fais: « Au fait oui, dans les H, pourquoi pas? » Et tu appelles ça: « avoir la vision du mot »? Ah! bien, c'est commode!

JULIE, furieuse, allant jusqu'au coin gauche de la table sur laquelle elle pose son seau. — Oh! c'est trop fort! Quand c'est moi qui ai pris le dictionnaire, quand c'est moi qui ai cherché dedans...

FOLLAVOINE, descendant par la droite de la table. — Sur un ton persifleur. — Oui, dans les E!

JULIE. — Dans les E... dans les E d'abord; comme toi avant dans les Z, mais ensuite dans les H.

FOLLAVOINE, s'asseyant sur le fauteuil qui est à droite devant la table. — L'air détaché, les yeux au plafond. — Belle malice, quand j'ai eu dit: « Pourquoi pas dans les H? »

JULIE, gagnant la gauche. — Oui, comme tu aurais dit: « Pourquoi pas dans les Q? »

FOLLAVOINE. — Oh! non, ma chère amie, non! si nous en arrivons aux grossièretés...!

JULIE, se retourne ahurie, reste un instant interloquée, puis: — Quoi? quoi? quelles grossièretés?

FOLLAVOINE. — Moi, je te préviens que je ne suis pas de force, alors...!

JULIE, gagnant la gauche de la table. — Où ça, des grossièretés? parce que je te tiens tête? parce que je dis ce qui est? (Secouant rageusement son seau de toilette sur la table tout en parlant.) Mais oui, c'est moi qui ai trouvé! Oui, c'est moi qui ai trouvé!

FOLLAVOINE, se précipitant sur le seau de toilette pour le lui enlever des mains. — Eh! bien, oui, oui!... bon! c'est bon!

Il cherche à droite à gauche où poser le seau.

JULIE, voyant son jeu. — Quoi? Qu'est-ce que tu cherches?

FOLLAVOINE, avec rage. — Je cherche... je cherche... je cherche où mettre ça.

JULIE. — Eh! bien, pose-le par terre.

FOLLAVOINE, le déposant au milieu de la scène. — Oui.

JULIE, revenant à la charge. — Non tu sais, avoir l'aplomb de prétendre...!

Elle gagne la gauche.

FOLLAVOINE. — Oh!... mais oui, là! Puisque c'est entendu! C'est toi qui as trouvé.

JULIE. — Mais, parfaitement, c'est moi! Il ne s'agit pas d'avoir l'air de me faire des concessions.

FOLLAVOINE. — Ah! et puis, je t'en prie, en voilà assez, hein! avec tes E, tes Z, tes H et tes Q! c'est vrai, ça! Tiens, tu ferais mieux d'aller t'habiller!

JULIE, rognonnant. — Me dire que je n'ai pas eu la vision!...

Elle s'assied sur le bras gauche du canapé.

FOLLAVOINE. — Mais oui, là!... Il est près de onze heures et tu es encore à traîner en souillon...

JULIE, tout en rajustant instinctivement son peignoir. — Oui, oh! change la conversation, va!... change!

FOLLAVOINE. — ...avec ton peignoir sale, tes bigoudis et tes bas qui traînent sur tes talons!

JULIE, relevant ses bas avec brusquerie. — Eh! bien, sur lesquels veux-tu qu'ils traînent? sur les tiens?

FOLLAVOINE. — Mais sur aucun talon du tout!

JULIE. — Là! voilà! ils sont relevés!

FOLLAVOINE. — Oui! oh! si tu crois que ça va les empêcher de retomber, ce que tu fais. Enfin, tu ne peux pas les attacher?

JULIE. — Avec quoi? j'ai pas de jarretelles.

FOLLAVOINE. — Eh! bien, mets-en!

JULIE. — A quoi veux-tu que je les accroche? j'ai pas de corset.

FOLLAVOINE, tout en gagnant la droite près du fauteuil devant la table. — Eh! bien, mets un corset que diable!

JULIE. — Ah! Et puis zut! Dis tout de suite que tu veux que je me mette en robe de bal pour faire mon cabinet de toilette!

Tout en parlant, elle a ramassé son seau dans l'anse duquel elle a enfilé son bras droit, et remonte vers sa chambre.

FOLLAVOINE. — Mais, nom d'une brique! qui est-ce qui te demande de le faire, ton cabinet de toilette? On dirait que tu n'a pas de domestique! Tu as une femme de chambre, sacrebleu!

JULIE, qui déjà était sur le pas de sa porte, se retournant, comme piquée au vif par la réflexion de son mari, descendant jusqu'à lui à pas de fauve, et après s'être débarrassée de son seau de toilette en le déposant devant les pieds de Follavoine — les bras croisés, sous son nez: — Faire faire mon cabinet de toilette par ma femme de chambre!

FOLLAVOINE, pour se dérober à une nouvelle discussion, passant devant sa femme et gagnant la gauche. — Oh!...

JULIE, ne lâchant pas prise et emboitant le pas parallèlement au-dessus de lui. — Ah! bien, merci! pour que tout soit cassé, ébréché! Non, non! je fais ça moi-même.

Elle lâche son mari, et, gagnant l'extrême droite, va s'asseoir sur le fauteuil devant la table.

FOLLAVOINE. — Alors ce n'est pas la peine d'avoir une bonne, si elle ne te sert à rien.

JULIE, tout en étendant sa jambe droite à moitié nue sur

son seau comme sur un tabouret. — Je te demande pardon, elle me sert : elle est là !

FOLLAVOINE. — Ouais ? Et qu'est-ce qu'elle fiche, pendant que tu fais son ouvrage ?

JULIE, un peu interloquée. — Eh ! ben, elle... elle me regarde.

FOLLAVOINE. — C'est ça ! voilà : Elle te regarde ! Je paye une fille quatre-vingts francs par mois pour qu'elle te regarde !

JULIE. — Oh ! Je t'en prie ! ne parle donc pas tout le temps de ce que tu payes ! C'est d'un parvenu !

FOLLAVOINE. — D'un parvenu tant que tu voudras ! je trouve que du moment que je paye une femme quatre-vingts francs par mois... !

JULIE, se relevant, sans même prendre la peine de retirer sa jambe étendue sur le seau, mais simplement la laissant glisser en avant du seau à terre, ce par quoi elle se remet sur pied, et gagnant jusqu'à Follavoine. — Non mais dis donc ! je ne te demande pas de gages, moi, n'est-ce pas ? Eh ! ben, dès l'instant que ça ne te revient pas plus cher, qu'est-ce que ça te fait que ce soit elle ou moi qui fasse l'ouvrage ?

FOLLAVOINE. — Cela me fait... cela me fait... que j'ai une bonne pour qu'elle fasse le service de ma femme ; et non une femme pour qu'elle fasse le service de ma bonne !... ou alors, si c'est ça, je supprime la bonne.

JULIE, avec de grands gestes indignés. — Voilà ! voilà ! nous devions en arriver là ! il me marchande une domestique !

Elle gagne l'extrême droite.

FOLLAVOINE, même jeu, gagnant l'extrême gauche. — Là ! Là ! Je lui marchande une domestique, maintenant !

JULIE, se retournant vers lui. — Mais absolument.

FOLLAVOINE, à bout d'arguments. — Ah ! tiens, remonte donc tes bas, va ! tu ferais mieux !

JULIE, relevant ses bas avec brusquerie. — Oui, oh !... (Reprenant.) Tout ça parce que je préfère faire mon cabinet de toilette moi-même ! (Remontant tout en parlant par l'extrême droite, jusqu'au-dessus de la table de travail.) Ah ! tu es bien le premier mari qui reproche à sa femme de s'occuper de son ménage.

FOLLAVOINE. — Pardon ! pardon, entre s'occuper de son ménage et...

JULIE, nerveuse, rangeant machinalement les papiers sur la table de son mari. — Tu aimerais mieux, n'est-ce pas, que je fasse comme toutes ces dames que je vois ?... Que je ne pense qu'à m'attifer, qu'à créer de la dépense ?...

FOLLAVOINE, apercevant le jeu de scène de Julie et tremblant pour ses papiers. — Oh ! là !... Oh ! là !

Il se précipite pour les défendre.

JULIE, de même. — Toujours dehors : au Bois, aux courses, dans les grands magasins...

FOLLAVOINE, défendant ses papiers comme il peut. — Non, je t'en prie !... je t'en prie !...

JULIE, continuant, sans se démonter. — ...Au skating le matin ; au skating l'après-midi !

FOLLAVOINE, de même. — Je t'en prie, veux-tu... ?

JULIE, de même. — Quel joli but dans l'existence !

FOLLAVOINE, de même. — Non ! Ça ne va pas là ! laisse ! laisse !

Il l'écarte vers la droite.

JULIE — Mais quoi ?

FOLLAVOINE, tout en essayant de remettre ses papiers en place. — Mes papiers ! Je ne t'ai pas demandé de ranger !

JULIE — Je ne peux pas voir une table en désordre.

FOLLAVOINE. — Eh ! bien, ne la regarde pas ! mais laisse-la tranquille.

JULIE, redescendant par la droite. — Eh ! je m'en fiche de ta table.

Elle ramasse en passant son seau de toilette.

FOLLAVOINE. — Oui ! Eh bien, prouve-le-lui !... et va ranger chez toi ! (Grommelé entre ses dents.) Ce besoin de faire le ménage partout !

Il s'est assis à sa table.

JULIE, qui a contourné la table de façon à arriver au coin gauche. — Revenant à la charge. — Oui, enfin ! voilà comment tu voudrais que je sois, hein ?

FOLLAVOINE, hors de ses gonds, presque crié. — Quoi « que tu sois » ? que tu sois quoi ? Je ne sais pas de quoi tu me parles.

JULIE. — Comme ces femmes-là ?

FOLLAVOINE, exaspéré et tout en rangeant ses papiers. — Est-ce que je sais ? Je ne te demande que de ne pas fouiller dans mes papiers ; c'est pas beaucoup !

JULIE, ne lâchant pas prise ; gagnant la gauche avec des dandinements et des gestes de menuet, ce qui imprime au seau qu'elle tient à la main un balancement d'encensoir plein de menace pour le tapis. — ... une mondaine ? une madame Benoîton ? (Changeant de ton.) Désolée, mon cher ; mais je n'ai pas été élevée à ça.

FOLLAVOINE, qui en a par-dessus la tête. — Oui, bon ! eh ! bien, tant mieux !

JULIE, revenant vers lui — coin gauche de la table — et déposant tout en parlant son seau sur des papiers à Follavoine juste au moment où celui-ci se dispose à les prendre. — Tu sauras que ma famille... !

FOLLAVOINE, empêché de retirer ses papiers par le poids du seau. — Oh !... Allons, voyons !

JULIE, tout en soulevant le seau, de façon à libérer les papiers. — ...que ma famille...

FOLLAVOINE, levant les yeux au ciel. — Oh !

JULIE. — ...quand il s'est agi de mon éducation, n'a eu qu'une chose en vue : c'est de faire de moi une femme d'intérieur et une bonne ménagère.

FOLLAVOINE. — Ecoute, je t'assure, c'est très intéressant, mais il est onze heures et...

JULIE, lui coupant la parole. — Ça m'est égal !... C'est ainsi qu'on m'a appris à faire tout par moi-même !... et à ne compter que sur moi ! parce qu'on ne sait jamais, dans la vie, si on aura toujours des gens pour vous servir.

Elle gagne la gauche avec dignité.

FOLLAVOINE, hausse les épaules, lève les yeux au ciel, puis. — Tes bas !

JULIE. — Ah ! Zut ! (Sans prendre la peine de s'asseoir, elle relève vivement ses bas en se mettant successivement sur une jambe et sur l'autre, puis reprenant.) — J'ai été dressée à ça toute petite ; si bien que c'est devenu chez moi comme une seconde nature. (S'asseyant sur le fauteuil à droite de la table.) Maintenant est-ce un bien ? Est-ce un mal ? (S'accoudant sur le rebord de la table, la tête appuyée sur la main.) Je ne peux dire qu'une chose : je tiens ça de ma mère.

FOLLAVOINE, occupé à parcourir ses papiers et sans aucune intention. — Ah ?... ma belle-mère.

JULIE, la tête à demi tournée vers Follavoine et sur un ton pincé. — Non !... « ma mère » !

FOLLAVOINE, de même. — Eh ! bien, oui ; c'est la même chose.

JULIE, sur le même ton. — C'est possible! mais « ma mère », c'est tendre, c'est affectueux, c'est poli; tandis que « ma belle-mère », ça a quelque chose de sec, d'aigre-doux, de discourtois que rien ne justifie.

FOLLAVOINE, de même. — Oh! moi, tu sais, je veux bien.

JULIE. — J'ai dit « ma mère »; eh! bien, c'est « ma mère ». Inutile de me corriger pour me dire: « ma belle-mère ».

FOLLAVOINE. — Je t'assure que si j'ai dit « ma belle-mère », c'est que vis-à-vis de moi...

JULIE, se dressant comme mue par un ressort, et dos au public, les mains crispées au rebord de la table, le corps penché en avant comme pour dévorer son mari. — Quoi? Elle n'a pas toujours été correcte? Tu as quelque chose à lui reprocher?

FOLLAVOINE, le corps rejeté le plus en arrière possible au fond de son fauteuil, afin de se mettre hors de la portée de Julie. — Avec véhémence. — Mais non! mais non! Qu'est-ce que tu vas chercher? Seulement, ça n'empêche pas tout de même que vis-à-vis de moi, ta mère...

JULIE, qui a gagné le milieu de la scène, se retournant, et hautaine et tranchante. — Ah! Et puis, je t'en prie, hein? En voilà assez avec ma mère!

FOLLAVOINE, ahuri. — Quoi?

JULIE. — C'est vrai ça! Cette façon de tomber toujours sur cette malheureuse!... de la cribler de lardons à tout propos...!

FOLLAVOINE. — Moi!

JULIE. — Tout ça, parce que j'ai eu le malheur d'apporter mon seau de toilette dans ton cabinet de travail!

FOLLAVOINE. — Ah! non, celle-là, par exemple...!

JULIE, glissant son bras dans l'anse du seau qui est toujours sur la table de son mari. — Mais on va l'enlever, mon seau! Voilà, je l'enlève! il n'y a pas de quoi faire une histoire! Je l'enlève!

FOLLAVOINE, ronchonnant, tout en affectant de se plonger dans ses papiers. — Eh! ben!... C'est pas un mal.

JULIE, bougonnant, tout en remontant vers la porte de sa chambre. — Non! Faire une sortie pareille pour un misérable seau de toilette, vraiment, on aurait commis un crime...! (Arrivée sur le seuil de sa porte, elle s'arrête. Une réflexion a traversé son cerveau, elle fait volte-face, redescend jusqu'à la table, pose son seau dessus et à la même place que précédemment, puis:) Seulement, tu sais! une autre fois, quand tu auras un reproche à me faire...

FOLLAVOINE, l'interrompant. — Non, pardon!... pardon!...

JULIE, interloquée. — Quoi?

FOLLAVOINE. — Voilà le seau revenu!

JULIE, entre les dents. — Idiot! (Reprenant.) ...Quand tu auras un reproche à me faire, tu voudras bien me le dire en face!... et ne pas t'en prendre à maman!

Elle descend légèrement en scène, laissant le seau sur la table.

FOLLAVOINE, hors de ses gonds, gagnant vers Julie. — Mais, nom d'un petit bonhomme! qu'est-ce que j'ai dit, sacrebleu?

JULIE. — Oh! rien, rien. C'est entendu! Il ne te manque plus que de faire l'hypocrite!

FOLLAVOINE, excédé et impuissant à lutter. — Oh!

Il remonte fond gauche.

JULIE, gagnant au-dessus de la table sur laquelle machinalement elle recommence son rangement, tout en parlant. — Comme si je ne comprenais pas toujours très bien ce que tu veux dire... quand tu ne dis rien!

FOLLAVOINE, se retournant. — Non! ça, c'est un comble! Comment! Je dis... (Se précipitant en voyant sa femme farfouiller dans les papiers.) Ah! non, non! laisse mes papiers tranquilles à la fin des fins!... (Il s'est substitué à Julie qu'il a fait passer à gauche de la table.) Qu'est-ce que c'est que cette manie que tu as...?

JULIE, sur un ton péremptoire. — J'aime l'ordre.

FOLLAVOINE, haussant les épaules. — Ah! « tu aimes l'ordre! tu aimes l'ordre »! (Lui montrant le seau sur la table et le lui tendant.) Regarde ça, « tu aimes l'ordre »!

JULIE, prenant le seau. — Eh! ben, quoi?...

FOLLAVOINE, ronchonnant. — « Tu aimes l'ordre »! Tu ne ferais pas mal d'aller en mettre un peu dans ta toilette! (Se levant.) Je t'en supplie! tu avais eu un bon mouvement tout à l'heure; tu étais presque partie avec ton seau; il a fallu que tu me le rapportes...

JULIE, lui coupant la parole et sur un ton péremptoire. — J'ai à te parler.

FOLLAVOINE, la poussant doucement dans la direction de sa chambre. — Oui, eh! bien, plus tard!

JULIE. — Non, pas plus tard. Tu penses bien que si tout à l'heure, je t'ai fait demander...

FOLLAVOINE, près du canapé, ainsi que Julie. — Je t'en prie, il est onze heures; tu n'as pas encore commencé à t'habiller; nous avons les Chouilloux à déjeuner...

JULIE. — « Les Chouilloux! les Chouilloux »! c'est ça qui m'est égal.

FOLLAVOINE. — Oui, mais pas à moi! Chouilloux est un homme que j'ai le plus grand intérêt à ménager...

JULIE. — Oui, eh! bien, désolée! mais il attendra. Il s'agit de Bébé; et, entre Bébé et Chouilloux, je crois qu'il n'y a pas à hésiter!

FOLLAVOINE, hors de ses gonds. — Oh! Mais quoi? Quoi, « Bébé »?

JULIE, passant devant lui et gagnant la droite. — Ou alors dis que tu préfères Chouilloux!

Elle s'assied sur le fauteuil devant la table, avec le seau sur ses genoux.

FOLLAVOINE, presque crié. — Mais non, mais non! ça n'a rien à voir! Je ne mets pas Bébé et Chouilloux en parallèle; ça n'empêche pas que, quand on reçoit un étranger d'importance, on se met en frais pour lui; ça n'implique pas qu'on le préfère à sa famille. Chouilloux doit venir un peu avant le déjeuner pour conférer avec moi d'une grosse affaire que j'ai en vue...

JULIE. — Eh! bien, conférez! Qu'est-ce que ça me fait?

FOLLAVOINE. — Mais il va arriver d'un instant à l'autre! Tu ne peux pourtant pas le recevoir avec ton peignoir sale, tes bigoudis, ton seau de toilette sur les genoux et tes bas qui tombent sur tes talons!

JULIE, déposant son seau avec humeur devant elle. — Oh! que tu m'embêtes avec mes bas! (Debout, un pied sur son seau, se baissant déjà pour relever ses bas.) Alors, quoi? ton Chouilloux, il ne sait pas ce que c'est que des bas qui ne sont pas attachés? Non?

Mme Chouilloux, quand elle se lève, elle est en grande toilette?

FOLLAVOINE, pendant que sa femme nerveusement relève ses bas. — Je ne sais pas comment est Mme Chouilloux, quand elle se lève, mais je dis que ta tenue n'est pas une tenue pour recevoir des gens que l'on a pour la première fois à déjeuner.

Il remonte au fond.

JULIE, tout en farfouillant sur la table de Follavoine pour trouver un objet qu'elle cherche. — Eh! bien, tu es en redingote; ça fait compensation.

FOLLAVOINE, se retournant à cette observation. — Moi, je suis correct! (Voyant le jeu de scène de sa femme.) *Qu'est-ce tu cherches? qu'est-ce tu cherches?*

JULIE, prenant dans une boite des rondelles de caoutchouc. — Tes élastiques?

FOLLAVOINE, au-dessus de la table. — Quoi? Quoi? pourquoi?

JULIE, reposant la boite sur la table et se rasseyant sur son fauteuil. — Comme ça tu me ficheras la paix avec mes bas!...

Elle se passe un élastique à chaque jambe.

FOLLAVOINE. — Mais c'est des caoutchoucs pour mes dossiers! ce n'est pas des jarretières!

JULIE, tout en achevant de passer ses élastiques, — chacun des « des » très appuyé. — Ce n'est pas des jarretières, parce qu'on n'en fait pas des jarretières; mais puisque j'en fais des jarretières, ça devient des jarretières.

FOLLAVOINE, gagnant la gauche avec découragement. — Ah! non! ce désordre!...

JULIE, haussant les épaules. — « Tu es correct »! Si ce n'est pas grotesque: à onze heures du matin, se mettre en redingote!... pour M. Chouilloux!... ce cocu!...

FOLLAVOINE, regarde sa femme, étonné, puis: — Quoi, « ce cocu »?... Qu'est-ce que ça signifie: « ce cocu »? Qu'est-ce que tu en sais?

JULIE, heureuse de mettre son mari dans son tort. — Ah!... c'est toi qui me l'as dit.

FOLLAVOINE. — Moi!

JULIE. — Je ne l'ai pas inventé, n'est-ce pas? Je ne connais pas Chouilloux. Ce serait un de mes amis; on me dirait: « C'est vous qui avez dit ça! » Je répondrais: « C'est possible! » Mais je n'ai jamais vu Chouilloux!... je ne sais pas comment il a le nez fait; il n'est pas de mes amis; je n'ai donc pas de raison d'en dire du mal.

Elle passe devant Follavoine et gagne la gauche.

FOLLAVOINE, adossé au coin de sa table. — Chouilloux, cocu! Si on peut dire!

JULIE, redescendant vers lui. — Faut croire qu'on peut, puisque tu me l'as dit.

FOLLAVOINE. — Je te l'ai dit, je te l'ai dit... quand je n'avais pas besoin de lui! mais maintenant que j'ai besoin de lui...

JULIE, du tac au tac et néz à nez avec Follavoine. — Quoi? Il n'est plus cocu?

FOLLAVOINE. — Non!... Si!... Enfin nous n'avons pas à le savoir!... Ce n'est pas comme tel que nous le recevons.

Il gagne l'extrême droite.

JULIE. — En vérité!

FOLLAVOINE, remontant par l'extrême droite jusqu'au-dessus de sa table. — C'est un homme qui actuellement peut m'être très utile...

JULIE. — En quoi?

FOLLAVOINE. — Pour une grosse affaire que je mijote; ce serait trop long à t'expliquer.

JULIE, gagnant la droite. — Oui. Oh! je sais, tu as des idées larges, quand ton intérêt est en jeu!

FOLLAVOINE. — Enfin, quoi? Ça te gêne qu'il soit cocu?

JULIE. — Ah! là, là, non! Il peut bien l'être dix fois plus! Mais ce qui me gêne, c'est que tu m'amènes sa femme à déjeuner; ça oui!

FOLLAVOINE, côté gauche de la table. — Je ne pouvais pas inviter monsieur sans madame; ça ne se fait pas.

JULIE. — Oui? Et son amant, M. Horace Truchet? tu étais obligé d'inviter son amant?

FOLLAVOINE. — Mais évidemment! c'est l'usage, ma chère amie! c'est l'usage! On les invite partout comme ça. C'est-à-dire que si je n'avais pas convié M. Truchet, c'eût été un manque de tact!... Chouilloux aurait pu même se demander ce que cela voulait dire! Enfin quoi...? ça ne se fait pas!

JULIE, adossée à la table, et les bras croisés. — C'est admirable! Ce qui fait que nous les avons tous les trois! l'adultère au complet! Ah! c'est moral! (Ramassant son seau et gagnant la gauche.) Joli contact pour ta femme! et bel exemple pour Toto!

FOLLAVOINE, descendant en scène. — Oh! Toto! il a sept ans...!

JULIE. — Il ne les aura pas toujours.

FOLLAVOINE. — Bien oui, mais, en attendant, il les a.

JULIE. — Oh! Evidemment! évidemment! Sa santé morale, c'est comme sa santé physique: tu t'en soucies comme de l'an quarante!

FOLLAVOINE, les bras au ciel tout en remontant au-dessus de sa table. — Là! Là! Qu'est-ce que ça veut dire? Qu'est-ce que ça signifie?

JULIE, déposant vivement son seau au milieu de la scène, et remontant aussitôt rejoindre son mari qui s'est assis à sa table. — Mais... mais il n'y a qu'à voir: voilà une heure que j'essaye de te parler de Bébé; de t'entretenir de sa santé; et qu'il n'y a pas moyen de placer un mot! Chaque fois que j'ouvre la bouche, que je dis: « Bébé », tu me réponds: « Chouilloux »; il n'y en a que pour Chouilloux! « Chouilloux, Chouilloux », et toujours « Chouilloux »!

FOLLAVOINE, à bout de patience. — Mais enfin, quoi? Qu'est-ce qu'il y a? Qu'est-ce que tu as à me dire?

JULIE, péremptoire. — J'ai à te parler.

FOLLAVOINE. — Eh! bien, parle!

JULIE. — Ah?... C'est pas trop tôt!

Elle descend et va s'asseoir sur son seau comme sur un tabouret.

FOLLAVOINE, bondissant sur son siège et donnant un grand coup de poing sur la table en voyant sa femme sur le seau à toilette. — Ah! non! non!

JULIE, ahurie. — Quoi?

FOLLAVOINE. — Tu ne peux pas te fourrer autre part que sur ton seau? tu trouves qu'un seau de toilette est fait pour s'asseoir?

JULIE. — Ça n'a pas d'importance! je suis très bien.

FOLLAVOINE. — Mais non, mais non! Un seau de

toilette n'est pas un siège; je te prie de te mettre sur une chaise.

JULIE, le toisant, puis détournant la tête avec dédain, tout en se levant. — Ah!... ce que tu es snob!

FOLLAVOINE. — Il n'y a pas de snobisme; tu peux faire un faux mouvement, me flanquer ton seau par terre, je n'ai pas envie d'avoir tes eaux sales sur mon tapis.

JULIE. — Eh! bien, ça le lessiverait.

FOLLAVOINE. — Merci, trop aimable! j'aime mieux autre chose. Enfin, quoi, « bébé »? Qu'est-ce qu'il y a, « bébé »?

JULIE, avec une soumission dédaigneuse. — Ah!... je peux?

FOLLAVOINE, les nerfs à fleur de peau. — Bien oui, tu peux!

JULIE, qui est allée chercher la chaise près du canapé, l'apportant près de la table à côté de son mari et s'asseyant. — Eh! bien, voilà: Je suis très ennuyée.

FOLLAVOINE. — Ah!

JULIE. — Je ne suis pas contente de Toto.

FOLLAVOINE. — Oui!... Qu'est-ce qu'il a fait?

JULIE. — Il n'a pas été ce matin.

FOLLAVOINE, répétant comme un écho, sans comprendre. — Il n'a pas été!

JULIE. — Non.

FOLLAVOINE. — Il n'a pas été... où ça?

JULIE, tout de suite soupe au lait. — Quoi! « où ça »? Nulle part! « Il n'a pas été », un point, c'est tout. Il me semble que c'est clair.

FOLLAVOINE, comprenant. — Ah! oui, au...

JULIE, brutale. — Eh! bien, oui!... (Changeant de ton.) Nous avons essayé...! quatre reprises différentes! pas de résultat!... Une fois, oui! Oh!... rien! (Tendant son petit doigt avec l'ongle du pouce contre l'avant-dernière phalange.) grand comme ça!...

FOLLAVOINE. — Ah!

JULIE, levant les yeux au ciel. — Et dur!

FOLLAVOINE, hochant la tête. — Oui!... c'est de la constipation.

JULIE, navrée. — C'est de la constipation.

FOLLAVOINE. — Oui!... Eh! ben?... Qu'est-ce que tu veux que j'y fasse?

JULIE, scandalisée. — Comment, « ce que je veux »!

FOLLAVOINE. — Dame! Je ne peux pas aller pour lui.

JULIE, se levant. — Oh! c'est malin! c'est malin, ce que tu dis là! Evidemment, tu ne peux pas aller pour lui!

FOLLAVOINE. — Alors?...

JULIE. — Ça me ferait une belle jambe, que tu ailles pour lui! Mais ce n'est pas une raison parce qu'on ne peut pas aller pour les gens, pour les laisser crever. (Descendant gauche.) Vraiment, tu es d'une indifférence!

FOLLAVOINE, se levant à son tour et rejoignant sa femme. — Avec bonhomie: — Enfin, tu ne veux pas pourtant que je me mette à pleurer parce que ce petit est un peu constipé.

JULIE. — Pourquoi donc pas? Il ne faut jamais plaisanter, avec la constipation!...

FOLLAVOINE, incrédule. — Oh!

JULIE, avec importance. — J'ai lu dans un livre qui s'appelle: *les Coulisses de l'histoire,* qu'un bâtard de Louis XV avait failli mourir à sept ans des suites d'une constipation opiniâtre.

FOLLAVOINE. — Eh! bien, oui! mais elle était opiniâtre et il était bâtard de Louis XV, ce qui n'est le cas de Toto ni d'un côté ni de l'autre.

JULIE. — Oui, mais Toto a sept ans comme lui! et il est constipé comme lui!

FOLLAVOINE. — Eh! bien, mon Dieu! il n'y a qu'à le purger.

JULIE, avec un air de pitié pour Follavoine. — Oh!... évidemment.

FOLLAVOINE. — Eh! bien, purge-le!

Il gagne la droite.

JULIE. — Merci! ce n'est pas ton autorisation que je demande! Seulement avec quoi le purger? Il y a les purgations minérales... et les purgations végétales.

FOLLAVOINE, qui est revenu près de sa femme. — Donne-lui de l'huile de ricin; il la prend facilement et ça lui réussit bien.

JULIE, catégorique. — Ah! non! non! L'huile de ricin, non! j' peux pas la supporter! je la rends immédiatement.

FOLLAVOINE. — Mais... il ne s'agit pas de te la faire prendre à toi; c'est à ton fils.

JULIE. — Oui, mais c'est la même chose! Rien que de la voir, rien que d'en parler...! (Elle a un haut le cœur.) ah! non!... D'ailleurs, je ne vois pas pourquoi tu fais toutes ces complications! Nous avons de côté, dans le placard à pharmacie, une bouteille d'Hunyadi-Janos, je ne vois pas pourquoi on ne l'utiliserait pas, parce que tu préfères l'huile de ricin!

FOLLAVOINE, ahuri. — Moi!

JULIE, sur un ton sans réplique. — Il y a de l'Hunyadi-Janos, Bébé prendra de l'Hunyadi-Janos!

FOLLAVOINE, gagnant l'extrême droite. — Eh! bien, donne-lui de l'Hunyadi-Janos!... Seulement, je ne vois pas pourquoi tu es venue me consulter.

Il remonte par l'extrême droite jusqu'à sa table.

JULIE. — Pour savoir ce que j'avais à faire.

FOLLAVOINE. — Ah? bon! il n'y paraît pas!

Il s'assied à sa table.

JULIE. — C'est gai d'avoir à le purger, cet enfant! Mais c'est toujours comme ça! Chaque fois que je le confie à sa grand'mère...

FOLLAVOINE, distrait, occupé qu'il est à jeter les yeux sur un papier. — Quelle grand'mère?

JULIE, ton tranchant et sec. — Eh! bien... sa grand'-mère!... Il n'en a pas trente-six. Ta mère habite Dusseldorf, ça ne peut être que maman.

Elle s'assied sur le canapé.

FOLLAVOINE. — Ah! oui!... ta mère.

JULIE. — Eh bien, oui, ma mère. (L'imitant.) « *Ta* mère! *Ta* mère! » Je le sais qu'elle est *ma* mère! Cette façon de dire: « *Ta* mère ». Tu as toujours l'air de me la reprocher.

FOLLAVOINE, ahuri. — Moi!

JULIE, revenant à son antienne. — Non, mais c'est bien ça: Toutes les fois qu'elle sort avec Bébé, ça ne manque pas; elle le bourre de gâteaux, de bonbons...!

FOLLAVOINE, tout en écrivant quelques notes. — Oh! bien!... toutes les grand'mères sont comme ça.

JULIE. — C'est possible! mais elle a eu tort! Surtout que je l'avais priée de n'en rien faire.

FOLLAVOINE. — Oh! bien, elle n'a pas cru, la pauvre femme...!

JULIE, se montant. — « Elle n'a pas cru, elle n'a pas cru », c'est entendu! mais elle a eu tort tout de même.

FOLLAVOINE, indulgent. — Oh! ben...!

JULIE, s'emballant. — Mais si! mais si! il n'y a pas d' « oh ben »!... C'est curieux, ça, cette affectation que tu mets à donner toujours raison à maman!... à prendre son parti contre moi! Je te dis qu'elle a eu tort: eh bien, elle a eu tort.

FOLLAVOINE, pour avoir la paix. — Bon!... bon!

JULIE. — Résultat: Bébé ne va pas et on est obligé de le purger.

FOLLAVOINE. — Eh! bien, oui, mon Dieu, c'est embêtant; mais il n'en mourra pas.

JULIE, à ce mot, se dresse révoltée. — Mais je l'espère bien! qu'il n'en mourra pas! Ah! bien, merci! (Fonçant sur son mari et le secouant.) Mais c'est monstrueux, ce que tu dis là!... « Il n'en mourra pas »! en parlant de ton fils! Mais c'est ton enfant, tu sais! Tu n'as pas l'air de t'en douter; il est de toi!

FOLLAVOINE. — Mais je l'espère bien!

JULIE. — Je ne suis pas comme Mme Chouilloux, moi! Je ne fais pas faire ton ouvrage par mes petits cousins!

FOLLAVOINE. — Ah! tiens, laisse-moi tranquille!

JULIE, redescendant et gagnant la droite. — Quand j'ai un enfant, moi, il est de mon mari!

FOLLAVOINE. — Mais qui est-ce qui te dit le contraire?

JULIE, s'asseyant sur le fauteuil devant la table. — Ah! c'est que c'est si peu d'un père, ta façon d'être! Tiens, tu mériterais qu'il ne fût pas de toi, ton fils!

FOLLAVOINE, haussant les épaules. — Oh! tu es bête!

JULIE. — Tu mériterais que ce fût un bâtard, lui aussi!... Et que je l'aie eu... (Ne trouvant pas de nom à mettre en avant.) avec Louis XV!

FOLLAVOINE, riant sous cape. — Avec Louis XV!

JULIE. — Oui, monsieur!

FOLLAVOINE. — Eh bien, n... de D...! ça t'en ferait de la cave!

JULIE. — Oh! je t'engage à rire, va! je t'engage à rire!

FOLLAVOINE, obsédé. — Ah! et puis écoute, hein? en voilà assez, je crois! l'incident est clos! C'est décidé qu'on purge Bébé; eh! bien, va purger Bébé!

JULIE, la tête basse, le regard dans le vide et d'une voix navrée. — Ah! Ça va être un drame!

FOLLAVOINE, se levant. — Eh! bien, ça sera un drame; tant pis! Je t'en prie, maintenant, laisse-moi! j'ai à me recueillir avant l'arrivée de Chouilloux, pour savoir comment disposer mes batteries. Va! va!... va t'habiller!

Il remonte vers la bibliothèque qui est au-dessus de lui.

JULIE, se levant avec effort et remontant vers sa chambre, tout en marmonnant, d'une voix désolée, des phrases entrecoupées. — Ah! ce pauvre petit!... quand je pense qu'il va falloir le purger... j'en suis malade d'avance...

FOLLAVOINE, qui déjà a ouvert le battant droit de la bibliothèque, en se retournant, apercevant le seau abandonné par Julie au milieu de la scène. Appelant. — Julie! Julie!

JULIE, de la même voix dolente. — Quoi?

FOLLAVOINE, indiquant le seau. — Je t'en prie: ton seau!... Je t'assure, je l'ai assez vu.

JUILE, furieuse, tout en redescendant chercher son seau. — Eh! quoi, « mon seau, mon seau »! toujours « mon seau »!... « Chouilloux, mon seau!... mon seau, Chouilloux! » on n'entend que ça!

FOLLAVOINE. — Mais, sacristi! un cabinet de travail n'est pas un endroit pour promener des seaux de toilette!

Tout en parlant, il a tiré de sa bibliothèque un vase de nuit qu'il exhibe juste sur ces derniers mots.

JULIE, se calmant aussitôt et sur un ton gouailleur. — Ah! bien, non, tu sais, tu as du culot! Tu me fais une scène pour mon seau et tu te promènes avec un pot de chambre!

FOLLAVOINE, sur un ton vexé. — Un pot de chambre!

JULIE. — Dame, à moins que ce ne soit une coiffure que tu lances.

FOLLAVOINE. — Un pot de chambre! Tu oses comparer ton seau de toilette... à ça! Mais ton seau de toilette, ça n'est que... que ton seau de toilette! c'est-à-dire un objet vil, bas, qu'on n'étale pas, qu'on dissimule!... (Avec l'admiration qu'on aurait pour un objet d'art, tendant son vase en lui faisant comme un socle de l'extrémité de ses cinq doigts.) Tandis que ça, c'est...

JULIE, lui coupant la parole et tout en descendant vers la droite. — « C'est, c'est »... c'est un pot de chambre! c'est-à-dire un objet vil, bas, qu'on n'étale pas, qu'on dissimule.

FOLLAVOINE, descendant près de sa femme et avec lyrisme. — Oui, pour toi, pour n'importe qui, pour les profanes; mais pour moi c'est quelque chose de plus noble, de plus grand, que je ne rougis pas d'introduire ici! C'est le produit de mon travail! un échantillon de mon industrie! ma marchandise! mon... mon gagne-pain!

JULIE, avec une petite révérence gouailleuse. — Eh! bien, mange, mon ami! mange!

Elle gagne la droite.

FOLLAVOINE, allant déposer son vase sur le petit guéridon à gauche du canapé. — Oui! Blague! blague! Tu ne blagueras pas toujours! Quand nous nous en ferons cent mille livres de rente...!

JULIE, adossée contre la table de droite et tout en faisant passer son seau de son bras droit fatigué à son bras gauche. — Cent mille livres de rente de pots de chambre?

FOLLAVOINE, allant rejoindre sa femme. — De pots de chambre, parfaitement! ça t'étonne et pourtant, si Dieu le veut... et Chouilloux! ça se fera!

JULIE. — Quoi? Quoi? Qu'est-ce que c'est que cette histoire?

FOLLAVOINE. — Il n'y a pas d'histoire! Je ne t'en parlais pas, pour te réserver la surprise si je réussissais; mais puisque c'est comme ça...! Alors tu ne sais pas,... tu ne sais pas qu'aujourd'hui le gouvernement n'a plus qu'un objectif: améliorer le sort du soldat! On le soigne, on le dorlote, on le met dans du coton; dernièrement on a été jusqu'à lui coller des pantoufles!

JULIE. — Des pantoufles au soldat!

FOLLAVOINE. — Comme je te le dis.

JULIE. — C'est martial!

FOLLAVOINE. — Et naturellement on ne veut pas en rester là. C'est comme cela que maintenant on vient de décider, afin que les hommes ne soient plus exposés à attraper froid en descendant la nuit par le vent, par la pluie, que désormais chaque soldat de l'armée française aurait son vase de nuit!

JULIE, ébahie. — Non!

FOLLAVOINE. — Personnel et à son matricule.

JULIE, bouche bée. — Ah!... ce que ça en fera!

FOLLAVOINE. — Conséquence: prochainement adjudication de cette nouvelle... fourniture militaire; et moi, comme fabricant de porcelaine, j'ai décidé de soumissionner. Et c'est ici que Chouilloux apparaît comme le *Deus ex machina!...*

JULIE. — Qu' ça veut dire?

FOLLAVOINE, interloqué. — Quoi?

JULIE. — Chose, là!... « ta quina »?

FOLLAVOINE, avec un sourire indulgent. — Quoi? « *ta*china »? (Corrigeant.) « *ma*china »!

JULIE, brusque. — Eh! ben, soit: « machina »! Je te demande ce que ça signifie?

FOLLAVOINE. — Ce que ça...?

JULIE. — Oui!...

FOLLAVOINE. — Eh! ben, euh...!

JULIE. — Eh! bien, va!

FOLLAVOINE. — Ah! c'est que c'est pas facile à dire.

JULIE. — Pourquoi? c'est cochon?

FOLLAVOINE, riant. — Mais non c'est pas cochon! *Deus ex machina,* c'est... c'est une expression comme ça! Les Grecs... les Grecs employaient cette locution pour désigner un gros bonhomme!... un gros manitou.

JULIE. — Aha!... Un obèse!

FOLLAVOINE. — Mais non, un homme de grosse influence.

JULIE. — Ah! un... C'est au figuré!

FOLLAVOINE. — C'est au figuré. Eh! bien, Chouilloux, c'est ça! Chouilloux, c'est le président de la commission d'examen, chargée par l'Etat d'adopter le modèle qui sera imposé comme type à l'adjudicataire. Comprends-tu maintenant l'intérêt qu'il y a à se le ménager? J'ai le brevet de la porcelaine incassable, n'est-ce pas? Que par l'influence de Chouilloux la commission adopte la porcelaine incassable; ça y est! l'affaire est dans le sac et ma fortune est faite!

JULIE, reste un instant songeuse, hochant la tête, puis: — Oui!... et ça te mènera à quoi, ça?

FOLLAVOINE, avec emballement. — A quoi? Mais si je réussis, c'est le pactole! Je deviens du jour au lendemain le fournisseur exclusif de l'armée française.

JULIE. — Le fournisseur des pots de chambre de l'armée française?

FOLLAVOINE, avec orgueil. — De tous les pots de chambre de l'armée française!

JULIE. — Et... on le saura?

FOLLAVOINE, de même. — Mais naturellement qu'on le saura!

JULIE. — Oh! non... Oh! non, non, non, non, non, non!... je ne veux pas être la femme d'un monsieur qui vend des pots de chambre.

FOLLAVOINE. — Hein!... Mais en voilà des idées! Mais songe que c'est la fortune!

JULIE. — Ça m'est égal! c'est dégoûtant!

Elle gagne l'extrême droite.

FOLLAVOINE. — Mais, nom d'un chien! qu'est-ce que je fais donc d'autre, aujourd'hui? j'en vends des vases de nuit! j'en vends tous les jours!... pas sur ce pied-là; mais j'en vends!

JULIE, revenant devant la table. — Oh! « tu en vends, tu en vends »... comme tu vends d'autres choses; tu es fabricant de porcelaine: c'est tout naturel que tu vendes les articles qui relèvent de ton industrie; c'est normal, c'est avouable, c'est bien! mais te spécialiser! devenir le monsieur qui vend des pots de chambre! Ah! non, non! même pour le compte de l'Etat, non!

FOLLAVOINE, déconcerté et affolé. — Mais tu es folle! mais réfléchis!

JULIE, adossée à la table et les bras croisés. — Oh! c'est tout réfléchi! Tu es bien aimable; mais je n'ai pas envie de marcher dans la vie auréolée d'un vase de nuit! je n'ai pas envie d'entendre dire, chaque fois que j'entrerai dans un salon: « Qui est donc cette dame? C'est Mme Follavoine, la femme du marchand de pots de chambre! » Ah! non! non!

FOLLAVOINE, de plus en plus affolé à la perspective de voir tout son échafaudage s'écrouler. — Ah! bien, par exemple! Ah! bien, si je m'attendais!... Oh! mais je t'en prie! Tu ne vas pas au moins aller dire ça à Chouilloux! Ça serait du joli!

JULIE, dédaigneuse. — Oh! Je n'ai rien à dire à Chouilloux!

FOLLAVOINE. — Ecoute! Je verrai... Il y aura peut-être moyen d'arranger les choses, de... de mettre un homme de paille, je ne sais pas! mais ne me fais pas rater ça, je t'en supplie! et, quand Chouilloux sera là, surtout sois aimable! sois polie!

JULIE. — Non mais, dis donc: Je n'ai pas l'habitude d'être impolie! J'ai l'usage du monde!

Elle gagne vers lui.

FOLLAVOINE. — Je n'en doute pas, je...

JULIE. — Mon père a reçu M. Thiers!

FOLLAVOINE. — Oui, oh!... tu n'étais pas née.

JULIE. — C'est possible, mais mon père l'a reçu tout de même! alors, n'est-ce pas...?

Elle passe.

FOLLAVOINE. — Oui? bon! Alors, ça va bien! Là! (La poussant doucement vers la chambre.) va purger Bébé! habille-toi, et débarrasse-moi de ton seau, hein? veux-tu?

JULIE, se dirigeant, accompagnée de Follavoine, vers sa chambre. — Mais quoi? quoi je l'ai, mon seau! Je t'en prie, je n'ai pas besoin que tu me dises toujours ce que j'ai à faire.

On sonne.

FOLLAVOINE. — Tiens! on sonne. Sûrement c'est Chouilloux. Je t'en supplie, dépêche-toi! Si on l'introduisait...!

JULIE, sur le pas de sa porte. — Eh! bien, quoi? il me verrait!

FOLLAVOINE, la faisant sortir. — Justement! comme ça, j'aime autant pas! (Refermant la porte et redescendant par l'extrême gauche.) Oh! les femmes, les femmes! ce que ça vous complique la vie!... (Au passage, il reprend son vase de nuit.) Eh! bien, qu'est-ce qu'on attend pour introduire Chouilloux? (Allant à la porte du fond et par la porte entr'ouverte, risquant un œil, puis ouvrant complètement.) Personne?... (Parlant à la cantonade.) Ah çà!... Rose!... Rose!...

Il descend sans refermer la porte et va à son bureau.

Scène III

LES MÊMES, ROSE, puis JULIE

ROSE, sur le pas de la porte. — Monsieur?

FOLLAVOINE, debout à son bureau, son vase de nuit

dans la main gauche. — Qu'est-ce que c'était? Qui est-ce qui a sonné?

ROSE. — C'est une dame qui venait pour que monsieur lui arrache une dent.

FOLLAVOINE. — Moi! est-ce que c'est mon affaire? Il fallait l'envoyer chez le dentiste.

ROSE. — C'est ce que j'ai fait. Elle est montée au-dessus.

FOLLAVOINE, passant son vase de la main gauche dans la main droite. — C'est insupportable! C'est tout le temps la même chose!

ROSE, qui dès cet instant a les yeux fixés sur le vase de nuit. — Oh!... Est-ce que monsieur sait?

FOLLAVOINE. — Quoi?

ROSE. — Qu'il a son vase de nuit à la main?

FOLLAVOINE. — Oui, je sais! je sais! merci.

ROSE. — Ah?... Je croyais, que c'était une distraction!... pardon!

FOLLAVOINE. — D'ailleurs, ce n'est pas un vase de nuit! c'est un article d'équipement militaire.

Il pose le vase à sa droite sur le tas de dossiers qui est à gauche de la table.

ROSE. — Ah?... Eh! bien, c'est curieux comme ça ressemble à un vase de nuit!

FOLLAVOINE, la congédiant. — Oui! ça va bien, ma fille!... Allez! Allez!

Rose sort par le fond.

FOLLAVOINE, s'assied à sa table et calcule. — Voyons, étant donné que sur le pied de paix l'armée française compte à peu près trois cent mille hommes, à un vase de nuit par homme, si le vase de nuit revient...

JULIE, toujours dans la même tenue, passant brusquement la moitié du corps dans l'entre-bâillement de la porte pan coupé. — Bastien! viens un peu!

FOLLAVOINE, tout à son problème. — Sèchement, sans lever la tête. — Chut!... j'ai pas le temps!

JULIE, descendant en scène avec son seau dans la main droite. — Je te dis de venir! Bébé ne veut pas se purger.

FOLLAVOINE, de même, relevant la tête. — Eh! bien, force-le! Tu as assez d'autorité...! (Apercevant le seau au bras de sa femme.) Ah!...

JULIE. — Quoi?

FOLLAVOINE, se dressant et sur un ton indigné. — Tu me rapportes encore ton seau!

JULIE. — Je n'ai pas eu le temps d'aller le vider. Je t'en prie, viens! je...

FOLLAVOINE, éclatant. — Ah! non! non! je l'ai assez vu celui-là!... remporte-moi ça! remporte-moi ça!

JULIE. — Oui! bon!... Je t'en prie: il y a Bébé qui...

FOLLAVOINE. — Allez! Allez! remporte-moi ça!

JULIE. — Mais je te répète...

FOLLAVOINE. — Je m'en fiche, remporte-moi ça!

JULIE. — Mais je...

FOLLAVOINE. — Remporte-moi ça!

JULIE, se rebiffant et descendant déposer son seau au milieu de la scène. — Ah! Et puis tu m'ennuies à la fin, avec mon seau!

FOLLAVOINE, ahuri. — Quoi?

JULIE, devant le canapé. — « Remporte-moi ça! Remporte-moi ça! » Je ne suis pas ta domestique!

FOLLAVOINE, n'en croyant pas ses oreilles. — Qu'est-ce que tu dis!

JULIE. — C'est vrai ça! C'est toujours moi qui fais tout ici! S'il te gêne, mon seau, tu n'as qu'à le remporter!

FOLLAVOINE. — Moi!

JULIE. — Je l'ai bien apporté, tu peux bien le rapporter à ton tour.

FOLLAVOINE, descendant vers Julie. — Mais, sacristi! ce sont tes eaux sales, ce ne sont pas les miennes!

JULIE, passant devant lui. — Oui?... Eh! bien, je te les donne! Tu n'as donc plus de scrupules à avoir!

Elle s'esquive en remontant par le milieu de la scène, vers sa chambre.

FOLLAVOINE, courant après sa femme et s'efforçant de la rattraper par le pan de son peignoir. — Julie!... Julie! tu n'es pas folle!

JULIE. — Je te les donne, je te dis! Je te les donne!

Elle disparait dans sa chambre.

FOLLAVOINE, sur le pas de la porte, parlant par l'entre-bâillement. — Julie! Veux-tu remporter ça!... Julie!

Scène IV

FOLLAVOINE, ROSE, CHOUILLOUX

ROSE, arrivant du fond et introduisant Chouilloux. — Monsieur Chouilloux!

FOLLAVOINE. — Veux-tu remp...!

CHOUILLOUX, descend légèrement en scène. Il est en redingote, rosette de la Légion d'honneur à la boutonnière. — Bonjour, cher monsieur Follavoine!

FOLLAVOINE, sans se retourner. — Ah! vous, foutez-moi l...! (Se retournant à ce moment, tandis que Rose sort, et reconnaissant Chouilloux.) Hein! monsieur Chouilloux! Déjà!

CHOUILLOUX. — Est-ce que j'arrive trop tôt?

FOLLAVOINE. — Du tout! du tout! Seulement je conversais avec Mme Follavoine; alors, je n'avais pas entendu sonner.

CHOUILLOUX. — J'ai sonné, cependant; et on m'a ouvert. (Badin.) Je n'ai pas encore le don de traverser les murailles!

FOLLAVOINE. — Ah! Charmant! Charmant!

CHOUILLOUX, modeste. — Oh! mon Dieu...!

FOLLAVOINE, lui prenant son chapeau des mains. — Si vous voulez vous débarrasser!

CHOUILLOUX. — Trop aimable! (Descendant et s'arrêtant stupéfait à la vue du seau de toilette.) Tiens!

FOLLAVOINE, qui a déposé le chapeau de Chouilloux sur le rebord de la bibliothèque de gauche, descendant vivement pour se placer entre le seau et Chouilloux. — Oh! pardon! Excusez! Je vous en prie! C'est ma femme qui est venue ici tout à l'heure; elle tenait ça à la main, et, alors, par distraction... (En parlant, il est remonté jusqu'à la porte du fond. — L'ouvrant et appelant d'une voix rude.) Rose!... Rose!

VOIX DE ROSE. — Monsieur!

FOLLAVOINE. — Eh! bien, venez! (A Chouilloux, tout en redescendant vers lui de telle sorte que le seau soit entre eux deux.) Je suis confus, vraiment! Surtout un jour où j'ai l'honneur...!

CHOUILLOUX, s'inclinant à plusieurs reprises. — Oh! je vous en prie! je vous en prie.

FOLLAVOINE, avec force courbettes. — Je dis ce que

je pense, monsieur Chouilloux! je dis ce que je pense!

CHOUILLOUX, de même. — Trop aimable!... oui! vraiment...!

ROSE, paraissant au fond. — Monsieur m'a appelée?

FOLLAVOINE.* — Oui. Tenez! Enlevez donc le seau de madame.

ROSE, stupéfaite. — Ah!... Qu'est-ce qu'il fait là?

FOLLAVOINE. — C'est madame qui l'a laissé par mégarde.

ROSE. — Ah! ben...! Madame a dû bien sûr le chercher!

Elle le ramasse.

FOLLAVOINE. — Oui, c'est bien, allez! (Remontant à la suite de Rose et la poussant vers la chambre de Julie.) Et tenez! allez donc dire à madame que M. Chouilloux est là!

ROSE. — Oui, monsieur.

Elle sort pan coupé gauche.

CHOUILLOUX, vivement, remontant vers Follavoine. — Oh! Je vous en prie! Ne dérangez pas madame.

FOLLAVOINE. — Laissez! Laissez! Si je ne la presse pas un peu!... Les femmes ne sont jamais prêtes!

CHOUILLOUX. — Ah! bien! Je ne peux pas dire ça de la mienne!... Tous les matins, c'est la première sortie! le footing lui est recommandé; moi ce n'est plus de mon âge; alors elle a son cousin... qui marche avec elle.

FOLLAVOINE, étourdiment aimable. — Oui! oui! en effet! C'est... c'est ce qu'on m'a dit!...

CHOUILLOUX. — Ça fait tout à fait mon affaire.

FOLLAVOINE. — Oui ça... ça ne sort pas de la famille.

CHOUILLOUX. — Ça ne sort pas de la famille... et puis, ça ne me fatigue pas!... (Ils rient. — En pivotant pour descendre en scène, Chouilloux aperçoit le vase de nuit sur la table.) Aha! je vois qu'on s'occupe de notre affaire!

FOLLAVOINE, qui est descendu également. — Ah! oui!... oui!

CHOUILLOUX, sur le ton d'un homme sûr de son fait. — Indiquant le vase de nuit. — C'est le pot de chambre.

FOLLAVOINE. — C'est le... oui!... oui... Ah! vous... vous avez reconnu?

CHOUILLOUX, modeste. — Oui. Oh!... (En ce disant il a gagné un peu la droite devant la table. Se retournant et considérant le vase.) Eh! bien, mais ça ne paraît pas mal!... bien conditionné!...

FOLLAVOINE. — Oh! pour être conditionné, ça!...

CHOUILLOUX. — Et, alors, c'est de la porcelaine incassable?

Il cogne le vase avec son index replié.

FOLLAVOINE, remontant au-dessus de sa table. — Incassable, parfaitement.

CHOUILLOUX, en contemplation devant le vase. — Ainsi voyez!... (Brusquement, s'asseyant sur le fauteuil qui est à droite de la table.) Non, je vous demande ça, parce que c'est le point qui avait retenu notre attention, à M. le sous-secrétaire d'Etat et à moi.

FOLLAVOINE. — Aha? oui, oui?

CHOUILLOUX. — Parce que, pour la porcelaine ordinaire, après mûre réflexion, nous n'en voulons pas.

FOLLAVOINE. — Oh! que je vous comprends!

* F, n° 1. — R, n° 2 au-dessus du seau. — C, n° 3.

CHOUILLOUX. — La moindre des choses c'est cassé!

FOLLAVOINE. — Ah!... tout de suite!

CHOUILLOUX. — Ce serait gaspiller l'argent de l'Etat.

FOLLAVOINE. — Absolument! (Indiquant son vase.) Tandis que ça: bravo! c'est solide! on n'en voit pas la fin! (Descendant en scène.) Non, mais, tenez, prenez en main, vous qui êtes connaisseur!

CHOUILLOUX. — Oh!... pas plus que ça!

FOLLAVOINE. — Si! Si! Voyez comme c'est léger!

CHOUILLOUX, prenant le vase et le soupesant. — Oh! c'est curieux! Ça ne pèse pas son poids!

FOLLAVOINE, prenant le poignet de Chouilloux et l'agitant de façon à imprimer au vase un mouvement de poêle à frire. — Et comme c'est agréable à la main?... hein?... C'est-à-dire que ça devient un plaisir. (Changeant de ton.) Bien entendu, nous faisons ça en blanc et en couleur; si vous le désirez, pour l'armée, rayé comme les guérites, par exemple... aux couleurs nationales...?

CHOUILLOUX. — Oh! non! Ce serait prétentieux.

FOLLAVOINE. — Je suis de cet avis; et vraiment une augmentation de dépense inutile?

CHOUILLOUX. — Eh! bien, mais c'est à voir, ça! c'est à voir! (Il repose le vase sur la table et revient à Follavoine.) On nous a présenté également des vases en tôle émaillée, ce n'est pas mal non plus.

FOLLAVOINE. — Oh! monsieur Chouilloux! non!... ce n'est pas sérieux!... Vous n'allez pas prendre de la tôle émaillée!

CHOUILLOUX. — Pourquoi pas?

FOLLAVOINE. — Mais parce que!... Il ne s'agit plus là de mon intérêt personnel; je le laisse de côté! Mais la tôle émaillée, monsieur Chouilloux! mais ça sent tout de suite mauvais, et puis ça n'a pas la propreté de la porcelaine! (Indiquant son vase.) Ça, à la bonne heure!

CHOUILLOUX. — Evidemment il y a du pour et du contre.

FOLLAVOINE. — Sans parler de la question d'hygiène!... Vous n'êtes pas sans savoir qu'il est reconnu que la plupart des appendicites sont dues à l'emploi des ustensiles émaillés.

CHOUILLOUX, moitié riant, moitié sérieux. — Oui, oh! bien là! étant donné l'usage qu'on en veut faire, je ne crois pas que...!

FOLLAVOINE. — On ne sait jamais, monsieur Chouilloux! la jeunesse est si légère! On veut étrenner le récipient tout neuf; on fait un punch monstre; la chaleur fait craquer l'émail; quelques parcelles tombent; on boit; on en avale... Enfin, vous savez ce que c'est?

CHOUILLOUX. — Moi? non!... Non, je vous jure qu'il ne m'est jamais arrivé de boire du punch dans...

FOLLAVOINE. — Non! mais vous avez été soldat.

CHOUILLOUX. — Pas davantage! J'ai passé mon conseil de revision; on m'a fait mettre tout nu et on m'a dit: « Vous ne devez pas avoir une bonne vue! » Ça a décidé de ma vocation militaire: J'ai fait toute ma carrière au ministère de la Guerre.

FOLLAVOINE. — Ah?... Ah? Eh bien, croyez-moi, monsieur! pas de tôle émaillée! prenez, si vous voulez, du caoutchouc durci! du celluloïd! soit! Quoique au fond rien ne vaut la porcelaine! le seul défaut, c'est la fragilité; eh! bien, du moment qu'on a paré à cet inconvénient! Tenez, d'ailleurs, vous allez voir. (Voulant aller à la table dont Chouilloux lui obstrue le chemin.) Pardon !

CHOUILLOUX, ne comprenant pas où il veut en venir et s'effaçant dans le sens du mouvement de Follavoine. — Pardon !

FOLLAVOINE, indiquant son vase sur la table. — Non, je vais...

CHOUILLOUX, s'effaçant pour le laisser passer. — Ah ! pardon !

FOLLAVOINE, (n° 2) prenant le vase sur la table. — Vous allez voir la solidité. (Il élève le vase en l'air comme pour le lancer par terre, puis se ravise:) Non ! ici, avec le tapis, ça ne prouverait rien !... mais là, dans le couloir, c'est du plancher... Vous allez voir ! (Il est allé, tout en parlant, ouvrir la porte du fond toute grande et redescend avec son vase devant le trou du souffleur, à côté de Chouilloux (n° 1). — Indiquant à Chouilloux le point où il faut regarder:) Là-bas, monsieur Chouilloux ! (Chouilloux fait mine d'y aller. Follavoine le retenant:) Non, restez ici, mais regardez là-bas ! (Au moment de lancer son vase.) Suivez-moi bien ! (Le balançant pour lui donner de l'élan.) Une !... deux !... trois !... (Lançant le vase et pendant sa trajectoire.) Hop ! Voilà !

Au moment même où il dit « voilà ! » le vase tombe et se brise; les deux personnages restent un instant bouche bée comme stupéfiés (*).

CHOUILLOUX, décrivant un demi-cercle autour de Follavoine toujours figé et se trouvant ainsi, face à lui, légèrement au-dessus et à droite, et, partant, face au public. — C'est cassé !

FOLLAVOINE. — Hein ?

CHOUILLOUX. — C'est cassé !

FOLLAVOINE. — Oh ! oui, c'est... c'est cassé.

CHOUILLOUX, qui est remonté jusqu'à la porte. — Il n'y a pas !... ça n'est pas un effet d'optique.

FOLLAVOINE, qui est remonté également. — Non ! non ! C'est bien cassé ! C'est curieux ! Je ne comprends pas ! Car, enfin, je vous jure, c'est la première fois que ça lui arrive.

CHOUILLOUX, descendant. — Il s'est peut-être trouvé une paille.

FOLLAVOINE, descendant également. — Peut-être oui !... D'ailleurs, au fond, je ne suis pas fâché de cette expérience: elle prouve justement que... que... Enfin, comme on dit: « l'exception confirme la règle. » Parce que, jamais ! jamais ça ne se casse !

CHOUILLOUX. — Jamais ?

FOLLAVOINE. — Jamais ! Ou alors, je ne sais pas: une fois sur mille !

CHOUILLOUX. — Aha ? une fois sur mille.

FOLLAVOINE. — Oui, et... et encore ! D'ailleurs vous allez voir ! (Remontant vers la bibliothèque.) J'ai là un autre exemplaire; nous allons pouvoir le lancer et le relancer... (Redescendant avec un second vase qu'il a pris dans la bibliothèque.) Ne tenez pas compte de celui-là: c'est une mauvaise cuisson.

CHOUILLOUX. — Oui, c'est un mal cuit.

FOLLAVOINE. — Voilà ! (Allant se placer (n° 2) devant le trou du souffleur à côté de Chouilloux qui y est déjà.) Regardez bien: Une... deux... (Se ravisant.) Non, tenez ! lancez-le vous-même !

Il lui met le vase dans la main.

(*) *Nota.* — Dans le cas, qui s'est présenté, où le vase en retombant ne se casserait pas, l'artiste chargé du rôle de Follavoine dirait simplement: « Vous voyez ! incassable ! et vous savez, vous pouvez le lancer autant de fois que vous voudrez... D'ailleurs si vous voulez vous en rendre compte: une, deux, trois... Hop ! voilà ! » etc...

CHOUILLOUX. — Moi !

FOLLAVOINE. — Oui ! Comme ça vous vous rendrez mieux compte.

CHOUILLOUX. — Ah ?...

Follavoine s'efface un peu à droite; Chouilloux prend la place de Follavoine, tout cela sans changer de numéro.

FOLLAVOINE. — Allez !

CHOUILLOUX. — Oui ! (Balançant le vase.) Une... deux...

Il s'arrête très ému.

FOLLAVOINE. — Eh ! bien ! Allez ! Qu'est-ce qui vous arrête ?

CHOUILLOUX. — C'est que c'est la première fois qu'il m'arrive de jouer au bowling avec...

FOLLAVOINE. — Allez ! Allez ! N'ayez pas peur ! (Pour le tranquiliser.) Je vous dis: Un sur mille !

CHOUILLOUX. — Une ! deux ! et trois !

Il lance le vase.

FOLLAVOINE, pendant la trajectoire. — Hop ! (Au moment où le vase arrive à terre.) Voilà !

Le vase éclate en morceaux. Même jeu que précédemment; ils restent tous deux comme médusés.

CHOUILLOUX, après un temps, remontant jusqu'à la porte pour bien constater le dégât. — C'est cassé !

FOLLAVOINE, qui est remonté également. — C'est cassé, oui ! C'est cassé !...

CHOUILLOUX. — Deux sur mille !...

FOLLAVOINE. — Deux sur mille, oui ! Ecoutez ! Je n'y comprends rien; il y a là quelque chose que je ne m'explique pas ! Evidemment ça doit tenir à la façon de lancer le vase; je sais que, quand c'est mon contremaître qui l'envoie, jamais, au grand jamais... !

CHOUILLOUX. — Ah ! jamais ?

FOLLAVOINE. — Jamais !

CHOUILLOUX, allant s'asseoir sur le canapé tandis que Follavoine referme la porte du fond. — C'est tout à fait intéressant.

FOLLAVOINE. — Oui, oh ! mais non !... ça n'est pas encore ça !... Evidemment vous avez pu vous rendre compte de la différence qui existe entre la porcelaine cassable et...

CHOUILLOUX, achevant la phrase pour lui. — Et la porcelaine incassable.

FOLLAVOINE. — Oui !... Mais tout de même ces expériences ne sont pas assez concluantes pour fixer votre religion.

CHOUILLOUX. — Mais si, mais si, je me rends très bien compte... Quoi ! c'est ces mêmes vases-là ! Seulement, au lieu de se casser, ils ne se cassent pas !

FOLLAVOINE. — Voilà !

CHOUILLOUX. — Tout à fait intéressant !

Scène V

LES MÊMES, JULIE

JULIE, surgissant brusquement hors de sa chambre; elle est dans la même tenue que précédemment; mais sans son seau. — Bastien, je t'en prie, viens ! ce petit me rendra folle ! Je ne peux pas en venir à bout !

A la voix de Julie, Chouilloux s'est levé.

FOLLAVOINE, bondissant à la vue de sa femme. — Ah !

çà, tu perds la tête! Tu viens ici comme ça! Regarde-toi, je t'en prie! (Indiquant Chouilloux.) Monsieur Chouilloux!

JULIE (n° 2), sans même se retourner vers Chouilloux. — Je m'en fiche de M. Chouilloux!...

CHOUILLOUX. — Hein?

FOLLAVOINE (n° 3), affolé. — Mais non! mais non! Je t'en prie! (Présentant à tort et à travers.) Monsieur Chouilloux! Ma femme!

CHOUILLOUX, s'inclinant. — Madame!

JULIE, très rapidement. — Oui! bonjour, monsieur! Vous m'excuserez, n'est-ce pas, de me montrer ainsi...!

CHOUILLOUX (n° 1), saluant. — Mais je vous en prie, madame, une jolie femme est bien de toutes les façons!

JULIE, n'écoutant même pas ce qu'il dit. — Trop aimable! merci! (A son mari.) Je t'en prie, il n'y a pas moyen de venir à bout de ce petit! Quand on lui parle de purgation...

FOLLAVOINE. — Oui! Eh! bien, tant pis! je regrette! Je suis là à causer sérieusement avec M. Chouilloux! j'ai autre chose à faire que de m'occuper des purgations de ton fils.

JULIE, indignée, à Chouilloux. — Oh!... voilà un père, monsieur! Voilà un père!

Elle passe n° 1.

CHOUILLOUX, ne sachant que répondre. — Oui, madame, oui!

FOLLAVOINE, sur un ton impératif. — Je te prie d'aller t'habiller! Je suis honteux pour toi de voir dans quel état tu oses te montrer! Il faut vraiment n'avoir aucun souci de sa dignité?...

JULIE. — Ah! bien, si tu crois que je vais m'occuper de ma toilette dans des moments pareils!

CHOUILLOUX (n° 2), voulant paraître s'intéresser. — Vous avez un enfant souffrant, madame?

JULIE, sur un ton douloureux. — Oui, monsieur, oui!

FOLLAVOINE, haussant les épaules. — Mais il n'a rien, monsieur Chouilloux! il n'a rien!

JULIE, comme un argument sans réplique. — Enfin il n'a pas été ce matin.

CHOUILLOUX. — Ah? Ah?

FOLLAVOINE. — Eh! bien, oui! il a un peu de paresse d'intestin.

JULIE. — Il appelle ça rien, lui! il appelle ça rien! On voit bien qu'il ne s'agit pas de lui!

FOLLAVOINE. — Enfin, quoi? c'est l'affaire d'une purgation!

JULIE. — Oui, oh! je sais bien! Mais purge-le, si tu peux, toi. C'est pour ça que je te dis de venir. Seulement, il n'y a pas de danger! Toutes les corvées, c'est pour moi!

FOLLAVOINE. — Vraiment, ne dirait-on pas qu'il s'agit de quelque chose de grave!

CHOUILLOUX, hochant la tête, et gravement. — Ce n'est pas grave, en effet; mais, tout de même, il ne faut pas jouer avec ces choses-là!

JULIE. — Ah! Tu vois ce que dit monsieur... qui a dû savoir.

FOLLAVOINE, flagorneur. — Ah! vraiment, monsieur Chouilloux?

CHOUILLOUX. — Evidemment!... Evidemment!... (A Julie.) Est-ce que l'enfant est sujet — pardonnez-moi le mot — à la constipation?

JULIE. — Il a plutôt une tendance, oui.

CHOUILLOUX. — Oui! Eh bien... il faut surveiller ça! parce qu'un beau jour, ça dégénère en entérite, et c'est le diable de s'en défaire.

JULIE, à Follavoine. — Là! Là! Tu vois?

CHOUILLOUX. — Je peux vous en parler savamment: j'en ai eu une, qui m'a duré cinq ans!

JULIE, instinctivement tournant la tête vers sa chambre où est son fils. — Ah! (Dans le mouvement de retour de la tête du côté de Chouilloux.) Pauv' bébé!

CHOUILLOUX, s'inclinant. — Merci!

JULIE. — Comment?

CHOUILLOUX. — Ah! pardon, je croyais que c'était à moi que...

JULIE. — Non!... Non!

CHOUILLOUX. — Oui, madame, cinq ans! J'avais attrapé ça à la guerre.

JULIE. — En 70!

CHOUILLOUX. — Non, en 98.

JULIE, le regardant, interloquée. — En 98? Mais... il n'y a pas eu de guerre, en 98.

CHOUILLOUX. — « A la guerre, à la guerre »! au ministère de la Guerre!... où je suis fonctionnaire.

JULIE. — Ah! bon!

FOLLAVOINE. — Oui, parce que M. Chouilloux est...

JULIE. — Oui, oui, je sais.

CHOUILLOUX. — Souvent, j'avais soif... je buvais de l'eau, qu'on prenait là, n'importe où... J'étais le monsieur qui disait: « Ah! là, là!... les microbes!... l'eau du robinet, voilà!... » Oui, eh! bien, à ce régime, je me suis collé la bonne entérite! et, résultat: j'ai dû aller trois ans de suite à Plombières!

JULIE, sautant là-dessus. — Ah! Alors, pour Bébé, vous croyez que Plombières...?

CHOUILLOUX. — Ah! Non!... non, lui, il aurait plutôt l'entérite à forme constipée: Châtel-Guyon conviendrait mieux... Moi, j'avais en quelque sorte l'entérite... Mais si on s'asseyait?

FOLLAVOINE, tandis que Chouilloux (n° 2), et Julie (n° 1), s'asseyent sur le canapé. — C'est ça, monsieur Chouilloux! tout ça est si intéressant!

Il est allé chercher près de son bureau la chaise volante qu'il amène près du canapé et s'y assied.

CHOUILLOUX. — ...j'avais plutôt, dis-je, l'entérite — pardonnez-moi cette confidence! — l'entérite relâchée...

JULIE. — Ah?... Ah?

FOLLAVOINE. — Ah! comme c'est intéressant, monsieur Chouilloux!

CHOUILLOUX. — Alors, Plombières était désigné. Ah! quel régime!

JULIE, tout à ce qui l'intéresse. — Et... qu'est-ce qu'on vous fait faire, à Châtel-Guyon?

CHOUILLOUX, légèrement interloqué. — Hein! à...? Je ne sais pas, madame, je n'y ai pas été. (Revenant à ce qui l'intéresse.) Mais à Plombières, tous les matins: une douche ascendante: un litre, un litre et demi.

JULIE. — Oui, ça, ça m'est égal! Mais vous ne savez pas si à Châtel-Guyon...?

CHOUILLOUX. — Mais non, madame, je vous dis, je n'y ai pas été!... (Revenant à ses moutons.) Une fois la douche terminée, je prenais un bain... un bain d'une heure; après quoi un massage...

JULIE, que toute cette énumération laisse froide. — Oui!... oui...

CHOUILLOUX. — Après quoi, le repas; rien que des plats blancs: des purées, des pâtes, du macaroni, nouilles; gâteaux de riz, de semoule...

JULIE. — Oui, mais... à Châtel-Guyon?...

FOLLAVOINE, se levant, agacé. — Oh! mais puisque M. Chouilloux te dit qu'il n'y a pas été!

CHOUILLOUX. — Oui... Je suis désolé, mais...

FOLLAVOINE. — Il ne peut te parler que de son régime de Plombières.

JULIE, le plus ingénument du monde. — Mais je m'en moque, moi, de son régime de Plombières.

CHOUILLOUX, décontenancé. — Ah?... pardon!

JULIE. — En quoi veux-tu que ça m'intéresse le régime de Plombières de M. Chouilloux, puisque pour Bébé c'est Châtel-Guyon! (Se levant.) M. Chouilloux, qui est un homme intelligent, me comprend très bien.

CHOUILLOUX, pendant que Julie passe n° 2. — Mais oui! mais oui!

JULIE. — Il pourrait aussi me raconter comment on pêche la morue à Terre-Neuve; ça serait très intéressant; ça n'aurait rien à voir avec la santé de Toto.

CHOUILLOUX, conciliant. — Evidemment! évidemment!

JULIE. — Je ne suis pas là pour écouter des histoires; j'ai à purger Bébé!

FOLLAVOINE, qui en a par-dessus la tête. — Bon! bon! ça va bien! bon! va! va purger Bébé!

JULIE, très aimable, à Chouilloux. — Vous m'excusez, n'est-ce pas, monsieur?

CHOUILLOUX, se levant. — Je vous en prie, madame.

JULIE, sèche, à Follavoine. — Alors, tu ne veux pas venir? non?

FOLLAVOINE. — Ah! non! non!

JULIE. — Oh! ce père! ce père!

FOLLAVOINE. — Oui! C'est entendu! bon! Et habille-toi!

JULIE. — Oui! Oh!... Oh! ce père!

Elle sort.

Scène VI

LES MÊMES, moins JULIE

FOLLAVOINE, au fond, tourné vers la porte par laquelle est sortie sa femme. — Se montrer dans une tenue pareille! On n'a pas idée...!

CHOUILLOUX, remontant n° 2. — Ça a l'air d'une femme bien charmante que Mme Follavoine.

FOLLAVOINE. — Hein!... Délicieuse! délicieuse, monsieur Chouilloux! Elle est quelquefois un peu...! mais, sans ça, délicieuse. Vous n'avez pas bien pu la voir; je regrette qu'elle se soit présentée ainsi, pas habillée...

CHOUILLOUX. — Oh! mais je me rends compte très bien de ce qu'avec des...

Il achève sa pensée par une mimique qui évoque une idée de fanfreluches.

FOLLAVOINE. — Oui, oh! mais non!... Ainsi, pas coiffée... avec ses bigoudis!... Justement, ses cheveux, c'est ce qu'elle a de mieux!... des cheveux superbes!... frisant naturellement!

CHOUILLOUX. — Ah?... ah?

FOLLAVOINE. — Alors, quand vous la voyez comme ça...! Mais la coquetterie et elle!... et alors, quand, par-dessus le marché, elle croit devoir s'inquiéter pour son fils...!

CHOUILLOUX, descendant et allant s'asseoir sur le fauteuil devant la table. — Il n'a rien, somme toute, cet enfant!

FOLLAVOINE, descendant à la suite de Chouilloux jusque devant la table contre laquelle il s'adosse. — Mais rien!... Seulement allez donc lui dire ça! Tenez: vous lui avez parlé de Châtel-Guyon? Ça y est: maintenant, il ne va plus y en avoir que pour Châtel-Guyon!

CHOUILLOUX. — Oh! Je suis désolé si à cause de moi...!

FOLLAVOINE. — Mais du tout, du tout! Seulement alors, quand après ça, vous êtes venu lui parler de votre régime à Plombières; en dedans de moi-même, je ne pouvais m'empêcher de me tordre.

Il rit.

CHOUILLOUX, faisant chorus. — Ça ne l'intéressait pas du tout.

FOLLAVOINE, riant. — Mais pas pour un sou!

CHOUILLOUX. — Oh! cette pauvre Mme Follavoine! Et moi qui...! Oh!

Il rit. Tandis que tous deux s'esclaffent, la porte pan coupé gauche s'ouvre brusquement; Julie paraît trainant Toto de la main droite; elle a un verre à bordeaux dans la main gauche et serre contre sa poitrine une bouteille d'Hunyadi-Janos.

Scène VII

LES MÊMES, JULIE, TOTO

(tenue de travail; petit tablier à manches par-dessus son costume.)

JULIE. — Oui! eh! bien, tu vas un peu voir ton père. (Elle lâche Toto, le temps de refermer la porte; après quoi, le reprenant par la main, elle l'entraîne vers son père tout en parlant.) Il est furieux après toi, papa! (Arrivée à Follavoine.) Veux-tu dire à ton fils... (S'apercevant que Follavoine rit avec Chouilloux, lui envoyant un coup de pied dans le tibia, et entre chair et cuir pour que Toto, qu'elle écarte, n'entende pas.) Ah! je t'en prie, hein?

FOLLAVOINE, furieux. — Allons! Voyons!

JULIE. — Je dis à Toto que tu es furieux après lui, s'il te voit te tordre avec M. Chouilloux!

FOLLAVOINE. — Quoi? Quoi? Qu'est-ce qu'il y a encore?

JULIE, lui remettant Toto. — Il y a que je te prie de faire obéir ton fils!... Fais-moi le plaisir de le purger!

Elle gagne la gauche.

FOLLAVOINE. — Moi?

JULIE. — Oui, toi! (Déposant la bouteille, puis le verre, sur le petit guéridon près du canapé.) Voilà la bouteille! voilà le verre! Moi, j'y renonce!

Elle s'assied sur le canapé.

FOLLAVOINE. — Mais ce n'est pas mon affaire! est-ce que ça me regarde?

JULIE. — Je te demande pardon! tu es son père! C'est à toi à faire montre d'autorité.

FOLLAVOINE, lève les yeux au ciel, puis, à Chouilloux, avec un soupir de résignation. — Je vous demande pardon, monsieur Chouilloux!

CHOUILLOUX. — Je vous en prie!

FOLLAVOINE, à Toto. — Qu'est-ce qu'il y a, monsieur? Je suis très mécontent!

TOTO, frappant du pied et passant dans ce mouvement, (n° 3), entre son père et Chouilloux. — Ça m'est égal! j' veux pas me purger!

FOLLAVOINE. — Comment?

JULIE, nerveuse. — Voilà! voilà ce que j'entends depuis une demi-heure!

CHOUILLOUX, lui mettant sa main amicalement sur l'épaule. — Comment, mon petit ami!... C'est un grand garçon comme vous...!

Toto dégage son épaule avec un geste d'humeur.

FOLLAVOINE, qui a vu son geste. — Qu'est-ce que c'est?... D'abord, dis bonjour à monsieur!

TOTO, têtu, frappant du pied. — Ça m'est égal! j' veux pas me purger!

FOLLAVOINE, le secouant. — Oui? Eh! bien, on ne te demande pas ce que tu veux!... Dis donc, espèce de petit garnement, est-ce que tu t'imagines...

JULIE, voyant malmener son enfant, sautant sur Follavoine et l'écartant brusquement. — Ah! tu n'as pas fini, toi!

FOLLAVOINE. — Ah! Zut!

Il remonte avec humeur, pour redescendre à sa table, mais sans s'y asseoir.

JULIE, à Chouilloux. — On ne peut pourtant pas ne pas le purger!... il a une langue d'un blanc!... (A Toto.) Fais voir ta langue au monsieur!

CHOUILLOUX, complaisant. — Attendez! pardon! (Il met un genou à terre, pour être à la hauteur de Toto, tire de la poche de son gilet un lorgnon qu'il ajuste sur son nez par-dessus ses lunettes, puis à Toto:) Voyons?

JULIE. — Là! fais voir ta langue!

Toto tire une langue toute noire d'encre.

CHOUILLOUX. — Mon Dieu! elle me paraît plutôt... noire.

JULIE, avec une certaine fierté. — C'est parce qu'il a travaillé!... (Changeant de ton.) Mais il est facile de se rendre compte qu'il a l'haleine trouble. (A Toto, en lui dirigeant la tête vers la figure de Chouilloux.) Tiens, fais « hhah » dans le nez de monsieur!

CHOUILLOUX, se garant instinctivement avec la main. — Non, merci! non!

JULIE. — Quoi? vous n'êtes pas dégoûté de l'haleine d'un enfant?

CHOUILLOUX. — Du tout! du tout! mais...

JULIE. — Eh ben, alors?... (A Toto, en lui poussant comme précédemment la tête vers la figure de Chouilloux.) Va! fais: « hhah » dans le nez du monsieur!

CHOUILLOUX. — Mais non! mais non! je vous assure, je n'ai pas besoin ; je me rends très bien compte!... (Se rasseyant et à Toto.) Qu'est-ce que c'est, mon petit ami? c'est comme cela qu'on est raisonnable?... Comment vous appelez-vous?

Geste boudeur de Toto qui ne répond pas.

FOLLAVOINE, se penchant par-dessus la table pour parler

Julie. Toto. Follavoine. Chouilloux.

SCÈNE VII. — Julie : « *Là!... fais voir ta langue au monsieur!...* »

à Toto. — Eh! bien, réponds, voyons! Comment t'appelles-tu?

TOTO, butté. — J' veux pas me purger!

FOLLAVOINE, rongeant son frein. — Oh! (A Chouilloux.) Il s'appelle Toto.

CHOUILLOUX. — Ah?

FOLLAVOINE. — C'est un diminutif d'Hervé.

CHOUILLOUX. — Tiens! Ah?... C'est curieux!... Et... vous avez quel âge? Six ans!

JULIE, avec importance. — Sept ans, monsieur!

CHOUILLOUX. — Ainsi, voyez! Sept ans! et vous vous appelez Toto! Mais, quand on s'appelle Toto et qu'on a sept ans, est-ce qu'on fait une histoire pour se purger!

TOTO. — Ça m'est égal, j' veux pas me purger!

CHOUILLOUX. — C'est très mal! Qu'est-ce que vous direz donc plus tard quand vous irez à la guerre?

JULIE, attirant vivement Toto contre elle comme pour le protéger, tout en frappant deux ou trois fois de la main gauche le bois de la table par superstition. — Ah! Taisez-vous!

TOTO, dans les jupes de sa mère. — Ça m'est égal! j'irai pas à la guerre.

CHOUILLOUX. — « Vous n'irez pas! Vous n'irez pas! » S'il y en a une, cependant, il faudra bien!...

TOTO. — Ça m'est égal! j'irai en Belgique.

CHOUILLOUX. — Hein?

JULIE, le couvrant de baisers. — Ah! chéri, va!... Est-il intelligent!

CHOUILLOUX, à Follavoine. — Mes compliments!... C'est vous qui l'élevez dans ces idées?

FOLLAVOINE, vivement. — Mais non! mais non! (A Toto.) C'est très mal de dire des choses comme ça!... Tu entends... Hervé!

JULIE, emmenant Toto vers le canapé. — Mais laisse-le donc tranquille, cet enfant! Tu ne vas pas l'ennuyer, avec des choses qui ne sont pas de son âge! (S'asseyant sur le canapé avec Toto entre ses genoux.) Il est bien sage, bien raisonnable; il va faire plaisir à sa maman et prendre gentiment sa purgation.

Tout en parlant, elle a rempli le verre d'Hunyadi-Janos et, sur le dernier mot, le présente à Toto.

TOTO, s'écartant des genoux de sa mère. — J' veux pas m' purger!

JULIE. — Mais puisqu'on te dit qu'il faut!

FOLLAVOINE, venant s'asseoir sur la chaise à côté du canapé. — Regarde, Toto! Si tu avais obéi tout de suite, ce serait fait; tu serais débarrassé.

TOTO. — Ça m'est égal, je veux pas!

FOLLAVOINE. — Veux-tu être raisonnable, voyons!

TOTO, se dégageant et passant n° 3. — Non, j' veux pas!

CHOUILLOUX, qui s'est levé pendant ce qui précède. — Intervenant. — Mon petit ami, moi, quand j'avais votre âge... que j'étais tout petit, petit, quand mes parents me disaient de faire une chose, eh! bien...

TOTO, dans le nez de Chouilloux. — Ta gueule!...

FOLLAVOINE et JULIE. — Oh!

CHOUILLOUX, interloqué. — Comment?...

FOLLAVOINE, sautant sur Toto et le faisant passer n° 2. — Rien! Rien!

CHOUILLOUX, se le tenant pour dit. — Ah! pardon!

Il va s'asseoir par la suite sur le fauteuil, droite de la table.

FOLLAVOINE, furieux, secouant Toto. — Ah! Et puis en voilà assez! Tu vas me faire le plaisir d'obéir, hein! Ce n'est pas un avorton de ton espèce...

JULIE, s'interposant et lui arrachant l'enfant des mains. — Ah çà! tu es fou! Tu ne vas pas bousculer ce petit, maintenant?

FOLLAVOINE. — Mais tu n'as pas entendu? il a dit: « Ta gueule »!

JULIE. — Eh! bien, il a dit: « Ta gueule »! Quoi? c'est français!

FOLLAVOINE, indigné. — Oh!

JULIE, à Toto, en l'embrassant. — Mon pauvre chéri, va!

Elle l'emmène au canapé sur lequel elle s'assied.

FOLLAVOINE, remontant à son bureau. — Ah! non, zut! alors! zut!

Il s'assied avec humeur.

JULIE, à Toto, qu'elle tient enserré dans son bras droit. — Le caressant de sa joue contre sa joue. — Va, ton père est un méchant! heureusement, ta maman est là!

FOLLAVOINE, furieux. — C'est ça! voilà! Mets-lui bien ces idées-là dans la tête!

JULIE, prenant de la main droite le verre plein qui est sur la petite table et se le passant dans la main gauche. — Mais, absolument!... Maltraiter ce petit qui n'est déjà pas bien!

FOLLAVOINE, tournant son fauteuil presque dos à la table, comme un homme qui affecte de se détacher de ce qui se passe. — Dorénavant, tu sais, tu t'adresseras à qui tu voudras!

JULIE, bourrue. — Oui, oh! (A Toto, se faisant aussitôt très douce tout en présentant le verre à ses lèvres.) Prends ta purgation, mon chéri!

TOTO, serrant les lèvres tout en éloignant la tête. — Non, je veux pas!

JULIE, les narines dilatées, les lèvres serrées, a un regard de rage vers son mari, puis faisant effort sur elle-même, revenant à Toto, sur un ton suppliant. — Si!... pour me faire plaisir.

TOTO, entêté. — Non, j' veux pas!

JULIE, même jeu, à Follavoine, même retour à Toto. — Je t'en prie, mon chéri, prends ta purgation?

TOTO. — Non...

JULIE, serrant les dents. — Oh! (Jetant un regard haineux à Follavoine.) Ah! quand tu te mêles d'une chose, toi!

FOLLAVOINE, ahuri. — Moi!

JULIE. — Naturellement, toi! (A Toto.) Ecoute, Toto! Si tu prends bien ta purgation, eh! bien, maman te donnera une pastille de menthe!

TOTO. — Non! J' veux la pastille, d'abord!

JULIE. — Non, après!

TOTO. — Non, avant.

JULIE. — Oh!... Eh! bien, soit, là! On te donnera la pastille avant; seulement, après, tu prendras ta purgation?

TOTO. — Oui.

JULIE. — Tu me promets?

TOTO. — Oui.

JULIE. — Tu me donnes ta parole d'honneur?

TOTO, un long « oui » traîné. — Oui!

JULIE. — C'est bien! j'ai confiance en toi. (A Follavoine qui est assis à sa table, le dos presque tourné et les yeux au plafond dans une attitude résignée.) Papa!... (Voyant que Follavoine, distrait, ne répond pas. — Sèchement.) Bastien!...

CHOUILLOUX, machinalement. — Bastien!

FOLLAVOINE, comme sortant d'un rêve. — Hein?

JULIE, sèchement. — La boîte de pastilles!

CHOUILLOUX, passant la demande. — La boîte de pastilles!

FOLLAVOINE, avec un soupir de victime. — Voilà! (Il a ouvert son tiroir et extrait la boite demandée. Se levant et à Chouilloux au moment d'aller porter la boite à Julie.) Je vous demande pardon de vous faire assister à cette scène de famille.

CHOUILLOUX. — Mais comment donc! c'est très intéressant!... pour un homme qui n'a pas d'enfant.

FOLLAVOINE, présentant la boite ouverte à Julie. — Voilà la boîte de pastilles!

JULIE, prenant une pastille. — Merci. (A Toto.) Ouvre ton becquot, mon chéri? (Lui mettant une pastille dans la bouche.) Là!

FOLLAVOINE, allant resserrer sa boite dans le tiroir. — A Chouilloux. — Ça n'est pas pour ça que je vous ai invité à déjeuner!

CHOUILLOUX, avec insouciance. — Oh! ben...!

JULIE, à Toto. — C'était bon?

TOTO. — Oui!

JULIE, lui tendant le verre. — Là! Eh! bien, maintenant, bois, mon chéri! bois ta purgation!

TOTO, se sauvant. — Non, j' veux pas me purger!

JULIE, ahurie. — Quoi?

FOLLAVOINE, les nerfs à fleur de peau. — Voilà, parbleu! Voilà!

JULIE. — Mais, c'est pas sérieux, Toto? Je t'ai donné un bonbon!

TOTO, remontant vers le fond. — Ça m'est égal, j' veux pas me purger!

FOLLAVOINE, ayant peine à se contenir. — Oh! C't'enfant! C't'enfant!

JULIE, furieuse, à Follavoine, tout en allant chercher Toto. — Quoi « c't'enfant »? Quand tu répéteras: « C't'enfant! C't'enfant! » au lieu de m'aider! tu vois que j'y perds mon latin!

Elle prend Toto en le soulevant par les aisselles et le porte au canapé sur lequel elle l'assied.

FOLLAVOINE, hors de ses gonds. — Mais quoi? Qu'est-ce que tu veux que je fasse?

JULIE, remontant par le milieu de la scène. — Oh! rien! rien! naturellement! (Avec amertume.) Ah! Dieu de Dieu!

Tout en parlant, elle se dirige vers sa chambre.

FOLLAVOINE. — Eh! bien, quoi? quoi? Où vas-tu?

JULIE. — Eh! bien, qu'est-ce que tu veux? Je vais essayer d'un autre moyen!... (Arrivée sur le pas de sa porte, se retournant et indiquant Chouilloux du geste.) Oh!... et c'est ce jour-là qu'il choisit pour m'inviter des gens à déjeuner!

Elle sort en faisant claquer la porte.

FOLLAVOINE, se dressant d'un bond et entre chair et cuir. — Oh!

CHOUILLOUX, qui s'est levé également. — A Follavoine. — Comment?

FOLLAVOINE, faisant l'innocent. — Quoi?

CHOUILLOUX.— Qu'est-ce qu'a dit Mme Follavoine?

FOLLAVOINE. — Rien! rien!... Elle a dit: « Je ne sais vraiment pas à... à quelle heure on pourra déjeuner. »

CHOUILLOUX, avec indifférence et en se rasseyant. — Ah?... Oh! ben, qu'est-ce que vous voulez...!

FOLLAVOINE, allant à Toto et le faisant lever du canapé en le tirant par la main. — C'est honteux, Toto, de manquer ainsi à sa parole!... N'est-ce pas, monsieur Chouilloux?

CHOUILLOUX, prudent. — Oh! moi, je ne dis plus rien! je ne dis plus rien!

FOLLAVOINE, s'accroupissant devant Toto pour être à sa hauteur. — Voyons, Toto! Tu as sept ans! tu es un petit homme! tu n'as plus le droit d'agir comme un enfant! Eh! bien, si tu avales gentiment ta purgation, moi, je te ferai une surprise.

Il se redresse.

TOTO, curieux. — Quoi?

FOLLAVOINE. — Eh! ben, je te dirai où sont les îles Hébrides.

TOTO. — Oh! ça m'est égal! j' veux pas le savoir.

FOLLAVOINE, du tac au tac. — C'est un tort!... (Entre chair et cuir.) Surtout après tout le mal qu'on s'est donné pour les trouver! (A Toto.) C'est au nord de l'Ecosse.

TOTO, indifférent. — Ah?

FOLLAVOINE. — Et puis, il y en a d'autres aussi, dans la Ménalé... dans la Malana... Manélé... Ah! zut! Enfin, quoi! tu as celles du nord de l'Ecosse, ça doit te suffire!

Il lâche Toto et, pivotant sur les talons, gagne la droite.

TOTO, le rattrapant par le pan de sa redingote. — Et le lac Michigan?

FOLLAVOINE, fronçant les sourcils. — Quoi?

TOTO. — Où qu' c'est qu'il est le lac Michigan?

FOLLAVOINE, répétant machinalement. — « Où qu' c'est qu'il est le lac Michigan! »

TOTO. — Oui?

FOLLAVOINE. — Oh! j'avais bien entendu!... (A part.) Ce qu'il est embêtant avec ses questions, ce petit! (A Chouilloux.) Dites-moi!... Je vous demande ça comme ça: Le lac Michigan... Vous ne vous rappeleriez pas par hasard où c'est?

CHOUILLOUX. — Le lac Michigan?...

FOLLAVOINE. — Oui!

CHOUILLOUX. — Eh bien, mais... c'est en Amérique!... aux Etats-Unis!

FOLLAVOINE. — Oh! que je suis bête! Mais oui!

CHOUILLOUX. — ...dans l'Etat de Michigan!

FOLLAVOINE. — De Michigan! Voilà: c'est le nom de l'Etat qui ne me revenait pas!

CHOUILLOUX. — Le lac Michigan! En 77, j'ai pris un bain dedans!

FOLLAVOINE. — Non? Vous! (A Toto, se baissant vers lui et lui indiquant Chouilloux.) Eh! bien, tu vois, Toto! Tu cherchais le lac Michigan, eh! ben, ce monsieur-là... qui n'a l'air de rien, eh! bien, il a pris un bain dedans! (Sans transition.) j'espère qu'après ça, tu vas être bien raisonnable et prendre sagement ta purgation!

TOTO, se sauvant et grimpant sur le canapé. — Non! j' veux pas!

FOLLAVOINE, les yeux au ciel. — Oh!

CHOUILLOUX. — Ah! c'est un enfant qui a de la volonté!

FOLLAVOINE. — Ah! oui, il en a!

JULIE, arrivant avec un second verre pareil au premier et descendant par l'extrême gauche jusqu'au guéridon. — Là! j'apporte un autre verre... (Tout en remplissant le verre d'Hunyadi-Janos.) ...et pour que bébé avale sagement son Hunyadi-Janos... (Posant la bouteille, prenant Toto au passage et allant avec lui droit à son mari.) eh! bien, papa en prendra un grand verre avec lui!

FOLLAVOINE, avec un sursaut. — Quoi?

JULIE, à Follavoine, en lui tendant le verre sous le nez. — N'est-ce pas?

FOLLAVOINE, allant se réfugier à son bureau. — Moi! Mais jamais de la vie! J'en veux pas, je te remercie bien!

JULIE. — Ah! je t'en prie, n'est-ce pas? tu ne vas pas dire non!

FOLLAVOINE. — Mais absolument, je n'ai aucune envie de me purger! Bois-le, ton verre, toi, si ça te fait plaisir?

JULIE. — Oh!... tu ne peux pas faire ça pour ton fils?

FOLLAVOINE, tout en repoussant le verre que Julie présente obstinément à ses lèvres. — « Pour mon fils! Pour mon fils! » Il est aussi le tien!

JULIE. — Voilà! Toutes les corvées, alors? (Tout en posant le verre sur le coin de la table.) Oui, toutes les corvées! Tu trouves que je n'ai pas fait assez pour lui depuis qu'il est né?... et surtout avant?... tu trouves que ce n'est pas assez de l'avoir porté pendant neuf mois dans mes flancs!...

Elle passe devant Toto, et descend un peu à gauche.

FOLLAVOINE, agacé. — Ah! là! « dans tes flancs! » Qu'est-ce que tu vas chercher? « Dans tes flancs »!

Il s'assied à son bureau.

TOTO, (n° 2). — Maman!

JULIE (n° 1). — Quoi?

TOTO. — Pourquoi c'est toi qui m'as porté dans tes flancs! pourquoi c'est pas papa?

JULIE, soulevant Toto et le portant sur le canapé sur lequel elle l'assied et s'assied également. — Ah! pourquoi!... Parce que ton père!... S'il avait fallu compter sur lui!... mais comme il savait que ce devait être moi... alors!..

FOLLAVOINE, à Chouilloux. — Je vous demande un peu si c'est des choses à dire à un enfant!

TOTO (n° 2). — T'avais qu'à prendre un autre monsieur.

FOLLAVOINE, furieux. — Voilà: « T'avais qu'à prendre un autre monsieur »! C'est charmant!

JULIE (n° 1). — Oh! Tu sais, un homme ou un autre...!

TOTO. — Ah! ben, j' serai pas comme ça!

JULIE, l'embrassant. — Chéri, va! Au moins tu as du cœur, toi!

FOLLAVOINE, à Chouilloux. — C'est insensé, monsieur Chouilloux! C'est insensé!

CHOUILLOUX. — Mais non, c'est charmant! (Se levant, en considérant Toto de loin.) Les enfants ont de ces réflexions!

JULIE, à Toto. — Tu vois la différence entre un père et une mère! Ton père ne veut même pas se purger pour toi!

TOTO. — Ça m'est égal! J' veux pas qu'il se purge!

FOLLAVOINE, descendant jusqu'au canapé. — Ehé!... Tu entends! Il est plus raisonnable que toi.

CHOUILLOUX, descendant également vers Toto. — Ehé!... Il ne veut pas qu'on fasse boire son papa!

TOTO, indiquant Chouilloux avec son doigt. — Je veux qu'on fasse boire le monsieur!

FOLLAVOINE. — Hein?

CHOUILLOUX. — Quoi?

JULIE, heureuse de saisir cette occasion de faire plaisir à son fils. — Tu veux qu'on fasse boire le monsieur? Eh! bien, on va faire boire le monsieur!

Elle prend le verre plein qui est resté sur le guéridon et, accompagnée de Toto qui marche devant elle, se dirige vers Chouilloux.

FOLLAVOINE, s'interposant. — Ah çà! tu n'y penses pas!

JULIE, l'écartant et passant avec Toto. — Chut! Laisse donc!

CHOUILLOUX, devant le trou du souffleur, ronchonnant entre chair et cuir. — Vraiment, ce petit est d'un mal élevé! Oh!

JULIE, son verre à la main. — Tenez, cher monsieur Chouilloux...!

Elle lui porte le verre aux lèvres juste au moment où il dit: « ... D'un mal élevé! Oh! » de sorte qu'en aspirant le « oh! » il boit malgré lui une gorgée.

CHOUILLOUX. — Ah! pouah!

JULIE, accompagnée de Toto, avançant sur Chouilloux, le verre tendu. — Soyez gentil, buvez un peu pour faire plaisir à Toto!

Elle lui porte à nouveau le verre aux lèvres.

CHOUILLOUX, crachant. — Ah! pffutt! (Reculant vers la droite à mesure que Julie avance sur lui.) Mais non, madame! mais non, je vous remercie!

FOLLAVOINE (n° 1). — Ah çà! tu perds la tête!

JULIE (n° 2), à Chouilloux. — Oh! la moindre des choses, voyons! La moitié du verre, ça suffira!

Même jeu avec le verre, contre lequel Chouilloux s'efforce de se défendre.

CHOUILLOUX (n° 4). — Mais non, madame! je vous en prie!... Je suis désolé...!

FOLLAVOINE. — Tu n'y penses pas! M. Chouilloux n'est pas ici pour se purger!

JULIE. — Quoi! Il n'y a pas de quoi faire une affaire pour un peu d'Hunyadi-Janos!

CHOUILLOUX, acculé contre le fauteuil de droite. — Je ne vous dis pas, mais...

JULIE. — Je comprends ça d'un enfant, mais d'une grande personne!... (Engageante.) Allons, monsieur Chouilloux.

Elle lui met le verre sous le nez.

FOLLAVOINE. — Julie, voyons!

CHOUILLOUX. — Mais non, madame! je regrette beaucoup, mais une purge! Je vous ai dit que, précisément, l'état de mes intestins me défendait...!

FOLLAVOINE. — Mais c'est évident!

JULIE. — Eh! ben, oui, mais ce n'est pas un demi-verre d'Hunyadi-Janos qui peut leur faire du mal, à vos intestins!

FOLLAVOINE. — Julie! Julie!

JULIE. — Et vraiment, entre la santé de Toto et vos intestins, je trouve que...!

FOLLAVOINE. — Je t'en prie, Julie!

CHOUILLOUX. — D'ailleurs, madame, je vous assure...! je ne sais même pas jusqu'à quel point une purge est bonne pour monsieur votre fils...

JULIE, faisant vivement passer Toto n° 2, et entre chair et cuir à Chouilloux. — Ah! non, je vous en prie, hein!... Si maintenant vous allez dire des choses pareilles devant cet enfant! Ah! bien, c'est complet!

FOLLAVOINE, faisant passer Toto n° 1. — Julie!... Julie!

CHOUILLOUX. — Je vous demande pardon, madame! Si je vous dis ça...!

JULIE, sous le nez de Chouilloux. — Vous voyez tout le mal que j'ai avec bébé! toute la diplomatie que je suis obligée d'employer...!

FOLLAVOINE. — Julie! Julie!

JULIE, sans lâcher prise. — Si vous allez par-dessus le marché lui persuader maintenant qu'il ne doit pas prendre sa purge!

CHOUILLOUX. — Mais non! Mais non!... Seulement je croyais...

JULIE, lui mangeant positivement le nez. — Ah! « Vous croyiez! Vous croyiez! »

FOLLAVOINE. — Julie! Julie!

JULIE. — Qu'est-ce que vous en savez? Où avez-vous appris? dans votre régime de Plombières? Mais puisque c'est le contraire, le régime de Plombières! puisque c'est le contraire!

CHOUILLOUX. — Écoutez, madame, je retire...!

FOLLAVOINE. — Je t'en prie, Julie! en voilà assez!

JULIE, gagnant suivie de Toto l'extrême gauche. — C'est vrai, ça! Est-ce que je me mêle, moi, si sa femme le fait cocu avec son cousin Truchet?

Elle dépose le verre qu'elle a en mains sur le guéridon.

CHOUILLOUX, bondissant. — Cocu!

FOLLAVOINE, entre chair et cuir. — Oh! n... de D...!

Sans plus se soucier de Chouilloux, Julie a soulevé Toto et l'a fait asseoir n° 2, sur le canapé; après quoi elle s'assied n° 1, près de lui.

CHOUILLOUX. — Qu'est-ce que vous avez dit?... Cocu!... Ma femme!... Truchet!...

FOLLAVOINE. — C'est faux, monsieur Chouilloux! C'est faux!

CHOUILLOUX, écartant Follavoine. — Laissez-moi! Laissez-moi! Ah!... Ah! j'étouffe!

Il aperçoit le verre laissé primitivement par Julie sur la table, se précipite dessus et en avale gloutonnement le contenu.

FOLLAVOINE. — Ah!

TOTO, ravi en voyant ce jeu de scène, désignant Chouilloux à sa mère. — Maman! Maman!

En gambadant il remonte jusqu'au-dessus de la table et grimpe à genoux sur le fauteuil de son père.

JULIE, de sa place, à Chouilloux, pendant que celui-ci avale la purge. — Eh! bien... Vous ne pouviez pas faire ça tout de suite?... au lieu de faire toutes ces histoires!

FOLLAVOINE, affolé. — Monsieur Chouilloux, je vous en prie! (La physionomie de Chouilloux brusquement se contracte; ses yeux deviennent hagards; il jette des regards éperdus à droite et à gauche! Puis soudain, se rappelant d'où Follavoine extrayait ses vases, il se précipite comme un fou vers la bibliothèque fond droit. Follavoine, comprenant sa pensée et courant après lui.) Non! pas par là! il n'y en a plus! il n'y en a plus! (Le poussant vers la porte du premier plan gauche.) Par là, tenez! par là!

Chouilloux se précipite dans la chambre.

Scène VIII

JULIE, FOLLAVOINE, TOTO

FOLLAVOINE, se retournant vers sa femme après avoir refermé le battant de la porte. — Ah! je te félicite! C'est du joli! Voilà ce que tu fais, toi?

Il remonte nerveusement.

JULIE, se levant et gagnant la droite. — Eh bien, il n'avait qu'à ne pas se mêler de ce qui ne le regardait pas!

FOLLAVOINE, gagnant le milieu de la scène. — Aller dire à ce malheureux qu'il est cocu!

Il remonte.

JULIE, s'asseyant sur le fauteuil à droite de la table. — Quoi? Il ne l'est peut-être pas?

FOLLAVOINE, se retournant et redescendant. — Ce n'est pas une raison pour le lui dire!

Il remonte vers le fond gauche.

TOTO. — Maman!

JULIE. — Quoi! mon chéri? Tu veux te purger?

TOTO. — Non!... Qu'est-ce que c'est qu'un cocu?

JULIE, avec un rictus sarcastique. — Ah!... (Indiquant la porte par où est sorti Chouilloux.) C'est ce monsieur, tiens! qui vient de sortir.

FOLLAVOINE, qui n'a pas cessé d'arpenter la scène, virevoltant brusquement. — Mais non! Mais non!... En voilà des choses à dire à un enfant!

JULIE. — S'il avait bu tout de suite, comme on le lui demandait!

FOLLAVOINE. — Tu es superbe, toi : Une purgation!

Il remonte.

JULIE. — Eh! ben!... Quand on est invité chez les gens, on prend ce qu'ils vous offrent! Il n'a aucune éducation, ton Chouilloux! Cet homme qui vient ici pour la première fois et qui nous parle de ses intestins relâchés!... Mais où a-t-il été élevé?

FOLLAVOINE, redescendant milieu de la scène. — Mais enfin, tu lui demandes de se purger!...

JULIE, se levant et allant à son mari. — Moi, je lui ai demandé de se purger? Mais je m'en moque, qu'il se purge! Je lui ai demandé de boire un verre d'Hunyadi-Janos! Je ne lui ai pas demandé de se purger!

Elle passe au-dessus de la table, prend son fils au passage et redescend avec lui par l'extrême droite.

FOLLAVOINE. — Mais ça le purge tout de même!

JULIE, s'asseyant sur le fauteuil à droite de la table avec Toto entre ses genoux. — Ah! bien, ça, ça le regarde. En somme, quoi? Il l'a avalée tout de même, sa purge? alors! qu'est-ce qu'il nous ennuie?

On sonne.

FOLLAVOINE. — Oui, ah! ça me met en bonne posture... pour la concession des vases militaires!

JULIE. — Voilà... voilà tout ce que tu vois, toi!...

FOLLAVOINE, au-dessus du canapé. — Comment vais-je rabibocher ça, maintenant?

Scène IX

LES MÊMES, ROSE, Mme CHOUILLOUX, TRUCHET

ROSE. — Madame Chouilloux! Monsieur Truchet!

FOLLAVOINE. — Ah! non! non! Reçois-les! Moi, après ça, je ne veux pas les voir.

Il se dirige vers la porte premier plan gauche.

JULIE, se levant. — Hein? Mais non! Mais non! Bastien!... je ne les connais pas!

FOLLAVOINE. — Ça m'est égal, arrange-toi!

Il sort.

JULIE. — Mais non, Bastien...!

Mme CHOUILLOUX, entrant en coup de vent suivie de Truchet. — Madame Follavoine, sans doute?

JULIE, interloquée. — Hein? Non!... Oui!

Elle est contre le coin gauche de la table. Toto se disimule derrière la hanche de sa mère dont il tient un pan du peignoir devant lui.

Mme CHOUILLOUX. — Ah! madame, enchantée! (Faisant allusion à la tenue de Julie.) Je craignais que nous ne fussions en retard: je vois que non.

JULIE, toute troublée. — Non!... non! Excusez-moi, je... je n'ai pas encore eu le temps de m'habiller...

Mme CHOUILLOUX (n° 2). — Mais comment donc! Je vous en prie! si vous allez faire des cérémonies...! (Présentant.) Monsieur Truchet, mon cousin, que vous avez eu l'extrême amabilité...

TRUCHET (n° 1). — Madame, je suis confus de mon indiscrétion!... pour la première fois que j'ai l'honneur...!

JULIE (n° 3). — Mais je vous en prie...!

Mme CHOUILLOUX, apercevant la tête de Toto qui se risque hors du peignoir de sa mère. — Et c'est à vous, madame, cette charmante petite fille?

JULIE, dégageant Toto. — Oui!... oui! seulement c'est un petit garçon.

Mme CHOUILLOUX, interloquée. — Ah?... ah? (Comme excuse.) A cet âge-là, n'est-ce pas?... il n'y a rien pour distinguer.

JULIE. — En effet oui!... oui!

TRUCHET. — Et M. Follavoine n'est pas là?

JULIE, indiquant la porte de gauche premier plan. — Si! si, par là!... par là!

TOTO, mettant ingénuement les pieds dans le plat. — Avec le cocu!

JULIE, tirant vivement Toto derrière elle. — Oh!

Mme CHOUILLOUX, se demandant si elle a bien entendu. — Comment?

JULIE, vivement. — Rien! Rien! C'est... c'est un employé de mon mari.

Mme CHOUILLOUX, se pâmant. — Qui s'appelle Lecocu! Ah! Quel nom fâcheux!

JULIE, avec un petit rire forcé. — N'est-ce pas?... n'est-ce pas?...

TRUCHET. — Et difficile à porter! difficile!

JULIE. — Oui!... oui!

Mme CHOUILLOUX, de même. — A-t-on idée: « Lecocu »! (Brusquement changeant de ton.) Oh! Mais ça me fait penser: Mon mari doit être arrivé!

JULIE. — Oui!... Oui, parfaitement! il est là.

Mme CHOUILLOUX. — Aha!... avec eux!

JULIE. — Eux! Qui, « eux »?

TRUCHET. — Eh! bien, M. Follavoine et M. Lecocu.

JULIE. — Ah!... Oui!... oui, oui!... Asseyez-vous donc, je vous en prie! Asseyez-vous donc!

Mme Chouilloux va pour s'asseoir (n° 1) sur le canapé tandis que Truchet remonte un peu pour chercher la chaise volante. A ce moment la porte de gauche s'ouvre et Chouilloux surgit suivi de Follavoine. Ils parlent tous deux à la fois.

Scène X

LES MÊMES, CHOUILLOUX, FOLLAVOINE

FOLLAVOINE. — Monsieur Chouilloux! je vous jure...!

CHOUILLOUX. — Non, laissez-moi! laissez-moi!

Mme CHOUILLOUX, s'avançant vers son mari. — Ah! Adhéaume!

CHOUILLOUX. — Vous, misérable!

TRUCHET et Mme CHOUILLOUX, ahuris. — Quoi?

FOLLAVOINE, au-dessus du canapé. — Dieu!

CHOUILLOUX, montrant sa femme. — La voilà, tenez! la femme adultère!

Mme CHOUILLOUX. — Moi!

CHOUILLOUX, allant à Truchet et l'indiquant. — Le voilà, tenez! l'ami félon!

TRUCHET. — Mon ami...!

CHOUILLOUX, arrivé au milieu de la scène, écartant sa redingote et avançant la poitrine. — Le voilà, tenez, le cocu! le voilà!

FOLLAVOINE, qui derrière les personnages est allé rejoindre (n° 3) Chouilloux (n° 4) au milieu de la scène. — Mon Dieu! mon Dieu!

Mme CHOUILLOUX. — Mais c'est fou, mon ami, c'est fou!

TRUCHET. — Mais qui est-ce qui vous a dit...?

CHOUILLOUX. — Qui m'a dit? Tenez! (Indiquant Follavoine à sa droite.) demandez à monsieur! (Indiquant Julie à sa gauche.) demandez à madame!

FOLLAVOINE. — C'est faux, monsieur Chouilloux! c'est faux!

Mme CHOUILLOUX, allant à Chouilloux. — Mon ami...!

CHOUILLOUX, l'écartant du geste. — Arrière, madame! Je ne veux plus vous voir. (Passant à Truchet.) Quant à vous, monsieur, vous recevrez mes témoins!

Il remonte prendre son chapeau.

Mme CHOUILLOUX, s'élançant à sa suite. — Mon ami, je t'en prie, écoute-moi!...

TRUCHET, remontant également. — Chouilloux! mon ami...

CHOUILLOUX. — Non!

Il sort suivi de sa femme.

TRUCHET, redescendant et allant directement à Follavoine. — C'est vous qui avez dit ça?

FOLLAVOINE (n° 1). — Mais non! il y a malentendu!

TRUCHET. — C'est bien, vous m'en rendrez raison!

Il lui applique une gifle.

FOLLAVOINE, qui en voit trente-six mille chandelles. — N... de D...!

TRUCHET. — J'attends vos témoins!

Il sort furieux.

FOLLAVOINE, se tamponnant la joue. — Oh! nom de nom de nom! oh!

JULIE, après un temps, les mains sur les hanches, toisant son mari d'un air dédaigneux. — Eh! bien, tu es content! Voilà ce que tu nous amènes avec toutes tes histoires!

FOLLAVOINE, ahuri. — Moi!... Moi!... Tu oses dire que c'est moi!...

JULIE, haussant les épaules. — Naturellement, toi! Si tu n'avais pas invité tous ces gens-là à déjeuner!

FOLLAVOINE. — Moi! Moi!

JULIE. — Ah! laisse-moi donc tranquille! tu n'en fais jamais d'autres!

Elle sort furieuse par la porte pan coupé.

FOLLAVOINE. — C'est ça! C'est ma faute! J'ai un duel à cause d'elle, et c'est ma faute! (S'effondrant sur le canapé.) Oh! non, non, cette femme me rendra fou!

Etouffant d'indignation, il aperçoit près de lui sur le guéridon l'autre verre d'Hunyadi-Janos! Il se précipite dessus et l'avale d'un trait.

TOTO, le regardant absorber sa purge. — A part, ravi. — Oh!

FOLLAVOINE. — Ah! pouah!

Il se précipite comme un fou dans sa chambre, gauche premier plan.

Scène XI

TOTO, puis JULIE, puis FOLLAVOINE

TOTO, une fois son père sorti, secouant joyeusement sa main de façon à faire claquer son index contre le pouce et le médius réunis. — Chic! Chic! (Il va au guéridon, prend le verre vidé par son père, le renverse en l'agitant comme une sonnette, pour mieux constater qu'il est réellement vide; puis faisant à nouveau claquer ses doigts.) Chic! Chic! (Courant par l'extrême gauche, avec son verre à la main, entr'ouvrir la porte du pan coupé et appelant.) Maman!... Maman!

VOIX DE JULIE. — Quoi? qu'est-ce qu'il y a?

TOTO. — Maman! viens!

Il descend au milieu de la scène.

JULIE, paraissant et allant rejoindre Toto. — Qu'est-ce que tu veux, mon chéri?

TOTO, avec un aplomb déconcertant. — Voilà!... J'ai bu!

Il tend son verre.

JULIE. — Quoi?

TOTO, renversant le verre pour montrer qu'il est vide. — La purgation!

JULIE, s'agenouillant près de lui. — Tu as bu! Ah! Chéri, que c'est gentil! Eh! bien, tu vois: ce n'était pas bien terrible!

TOTO, avec un sourire malicieux. — Oh! non!

FOLLAVOINE, faisant irruption avec son paletot mis et son chapeau sur la tête. — Non! Non! j'aime mieux m'en aller! j'aime mieux quitter la maison!

Il va jusqu'à sa table, sur laquelle il prend des papiers qu'il range nerveusement dans un dossier avant de sortir.

JULIE, sans même s'apercevoir de l'état de son mari. — Bastien! Bébé a pris sa purgation.

FOLLAVOINE. — Je m'en fous!

Il sort furieux.

JULIE, indignée. — Il s'en fout!... Il s'en fout! (A Toto.) Tiens, le voilà ton père! il s'en fout! Ah! heureusement, tu as ta mère! Va! aime-la bien, mon chéri! aime-la bien!

Elle couvre Toto de baisers.

RIDEAU

rèmes. Soumis à la nécessité des déductions, il ne prête jamais à ses personnages des pensées et des actions qui ne soient pas conformes à leur caractère. Dans les situations les plus folles, il ne perd jamais la raison. Ses héros sont vrais comme ceux que nous présente Molière dans ses farces les plus violentes.

» En vérité, l'acte que nous venons d'entendre aux Nouveautés est plutôt une comédie qu'un vaudeville. L'intrigue n'en est pas compliquée. C'est une étude de mœurs bourgeoises. Elle nous fait songer aux dialogues d'Henry Monnier. Elle est d'ailleurs d'une irrésistible drôlerie.

» Et voyez comme les personnages sont étudiés ! Observez la dignité de M. Follavoine qui se promène gravement dans son bureau. Il est en redingote, dès le matin, et il parle avec prétention, bien qu'il soit d'une parfaite ignorance. Regardez Mme Follavoine. Elle vient entretenir son mari d'une grave question : la santé de l'enfant. Elle est en peignoir et en jupon ; ses bas tombent sur ses talons ; ses cheveux sont fleuris de bigoudis ; elle porte un seau de toilette. Elle se glorifie de faire le ménage bien qu'elle ait à sa disposition des domestiques. Elle n'est pas de ces femmes frivoles qui, dès le réveil, s'efforcent d'être séduisantes. Mme Follavoine pense que l'épouse s'ennoblit en remuant la poussière et les eaux sales. Orgueilleuse de ses fonctions, elle parle haut. Elle s'assied sur le seau de toilette com[illegible] trône.

» M. Follavoine tremble devant cette mégère peu apprivoisée. Elle pénètre violemment, avec effraction, dans ses affaires, dans ses projets. Elle met en pile les papiers qui sont sur son bureau. Car elle a le souci de l'ordre apparent. Elle ne tolérera pas qu'il accepte une commande dont le [illegible] pourrait sourire. Elle craint le [illegible] parce qu'elle a un prodigieux respect pour sa personnalité. Rien ne [illegible]fie cette estime successive qu'elle s'inspire à elle-même. Cette vanité est très exactement observée. Mme Follavoine, qui promène avec le seau de toilette une inaltérable noblesse, trouvera d'ailleurs les expressions les plus vulgaires pour flétrir M. Chouilloux. Car ceux qui ont d'eux-mêmes une opinion trop favorable sont généralement [illegible]sez imp[illegible] pour le reste de l'humanité.

» Et je voudrais vous exposer la timidité et l'incompétence de M. Chouilloux que le ministère de la Guerre chargea d'examiner des porcelaines. Il me plairait de vous montrer M. Follavoine et Chouilloux qui lancent contre les murs des vases incassables et qui se brisent. Je devrais vous rapporter une conversation sur l'entérite et les régimes. Ce sont des propos que nous entendons tous les jours et dont M. Feydeau dégage l'énorme comique. Il rit aussi de la place excessive que prennent les enfants. Car M. Chouilloux et M. Follavoine ont peine à se défendre contre les exigences de Toto. Mais toutes les femmes seront indulgentes aux enfants terribles : j'en appelle à toutes les mères ! »

M. Félix Duquesnel considère, dans le *Gaulois*, que *On purge Bébé* est un petit chef-d'œuvre de comédie bourgeoise.

« Un tableau dessiné au très gros crayon, par un maître du rire, car on ne saurait nier que Georges Feydeau possède au suprême degré ce don qu'on appelle le *vis comica* ».

M. Francis Chevassu déclare également, dans le *Figaro*, que cet acte joyeux et libre, d'une gaieté généreuse et où la finesse parisienne dirige le meilleur esprit gaulois, est, en son genre, un petit chef-d'œuvre. Il a obtenu un succès égal à celui des plus fameuses comédies de M. Georges Feydeau :

« C'est une farce, sans doute, mais significative, pleine de rigueur et de cruauté, qui rivalise avec les diverses études de G. Courteline et qui fait parfois penser à une farce de Molière : elle ne recule pas, en effet, devant certaines évocations qu'un goût pudibond jugerait grossières ; elle pousse le développement de l'idée comique jusqu'à l'outrance et, cependant, jamais elle ne cesse de paraître vraisemblable ; elle utilise sans scrupule des éléments de gaieté dont certains sembleraient presque périmés... On y rencontre le « sale gosse » qui s'amuse à provoquer, par son obstination, de véritables querelles de ménage, qui harcèle ses parents de questions devant lesquelles ceux-ci restent cois, qui se rappelle naturellement les propos qu'il ne devrait pas comprendre et donne, en plein salon, un surnom fâcheux à l'invité qui peut faire la fortune de son père... On y retrouve la femme acariâtre, hargneuse, qui, avec la plus ingénieuse opiniâtreté, surexcite son mari par des scènes perpétuelles, lui rend tout travail impossible, en attendant qu'elle éloigne ses relations. Ces types ne sont pas nouveaux ; mais M. Georges Feydeau les a merveilleusement rajeunis et ils discutent, gesticulent, se bousculent et crient avec tant de naturel, l'enchaînement de leurs propos est simple à ce point ; il y a dans les menus incidents qui les mettent aux prises un tel jaillissement de verve et d'invention comique qu'on n'a pas, à les entendre, le goût de discuter son plaisir. »

Et M. Adolphe Aderer fait remarquer aussi, dans le *Petit Parisien*, le « mouvement » et la « force » comiques qu'il y a dans cette petite œuvre :

« D'autres sont maîtres de l'émotion ou de l'heure. Feydeau est le maître du rire : c'est un bienfait dans une société qui inclinerait au pessimisme qu'un homme comme Georges Feydeau. »

C'est aussi l'avis de M. Robert de Flers qui écrit dans la *Liberté :*

« Le succès de *On purge Bébé* a été éclatant ; c'est du Feydeau de la meilleure marque, une farce désopilante traitée d'une manière simple et large par un maître du rire ; elle appartient à la grande tradition ; elle a, en son genre, quelque chose de classique : elle s'inspire d'une verve gauloise forte, drue et savoureuse. »

***

On remarquera dans le texte la profusion et la précision des indications des jeux de scène ; M. Georges Feydeau règle lui-même, jusque dans les plus minutieux détails, ses effets de mise en scène ; aussi recevons-nous jusqu'au milieu de ses pires [illegible] fantaisistes une impression de [illegible]ité ; et lorsque les interprètes sont des artistes tels que ceux qui ont [illegible] *On purge Bébé !* c'est la sensation même de la vie.

Mlle Cassive incarne son personnage de Julie Follavoine de t[illegible] qu'on ne saurait l'oub[illegible] après l'avoir vue ; elle traverse [illegible] débraillé, avec ses bas retomb[illegible] ses talons ; traînant son seau [illegible]lette ; tour à tour geignan[illegible] et s'emportant ; toute notion de coquetterie abolie en elle, mère uniquement obsédée de la santé de son petit. Il y a là une vulgarité sans laideur, une médiocrité sans bassesse, obs[illegible] sur le vif et présentées avec ce don naturellement comique qui est inné chez Mlle Cassive.

M. Marcel Simon a composé d'autre part une amusante silhouette de commerçant préoccupé de ses affaires, un peu sot mais au fond bon garçon ; M. Germain présente un type réussi de haut fonctionnaire au crétinisme solennel et bénévole ; enfin la petite Lesseigne est exactement l'enfant têtu et rageur, mal élevé, insupportable, qui semble avoir besoin d'une correction au moins autant que d'une purge.

GASTON SORBETS.

LE FUSIL
DARNE

l'arme de chasse la plus parfaite et la plus élégante

GAGNANT DES GRANDS PRIX
DE TIR AUX PIGEONS de
MONTE-CARLO, VICHY, ROYAN

Les plus hautes récompenses aux expositions
HORS CONCOURS
PARIS, LIÉGE, LONDRES, MILAN, MARSEILLE

R. DARNE *

Inventeur des célèbres fusils qui portent son nom ; créateur des nouvelles armes à canons fixes.

MANUFACTURE A
SAINT-ÉTIENNE
MAGASINS A
PARIS
4, place du Théâtre-Français, 4

LES MODÈLES 1910

surpassent les créations précédentes de la Maison **DARNE,** qui cependant ont acquis une réputation mondiale, suscitant bien des imitateurs qui ne peuvent donner le change à la clientèle.

La Maison **DARNE** vient de lancer de nouveaux modèles, véritables merveilles de simplicité, de robustesse, d'élégance. Les chasseurs et amateurs de belles et bonnes armes y verront plus que jamais leurs goûts et leurs désirs satisfaits. Ce sont, en modèles variés, des armes légères, bien en mains, extrêmement élégantes, d'une grande portée, d'un maniement aisé et rapide, et de solidité et sécurité garanties pour l'emploi des poudres pyroxylées.

LE CATALOGUE 1910

est envoyé franco sur demande

faite soit à St-Etienne, soit à la Succursale de Paris, 4, place du Théâtre-Français.

Le Directeur : René Baschet.

Imprimerie de *L'Illustration*, 13, rue Saint-Georges, Paris (9°)
L'Imprimeur-Gérant : A. Chatenet.

www.ingramcontent.com/pod-product-compliance
Lightning Source LLC
LaVergne TN
LVHW010409240826
846091LV00020B/2854